초등부터 준비하는
완벽한 수행평가

이현주 · 이현옥 지음

www.kwangmoonkag.co.kr

PREFACE

"시험 잘 봤어?"

기말고사를 마치고 온 아이의 표정이 심상치 않다. 잠도 설쳐 가며 며칠 동안을 고생했다. 표정이 안 좋다. 결과가 좋지 않은 모양이다. 엄마는 억장이 무너져 내린다. 아이가 꺼내든 시험지는 다행히 거의 다 동그라미였다. '녀석, 그렇게 얼굴이 어두울 일도 아니었네.'라고 생각할 즈음 아이가 입을 연다.

"100점 맞을 수 있었는데, 하필 3점짜리를 틀린 게 억울해 미치겠어. 밤새 열심히 노력한 게 너무 속상해."

닭똥 같은 눈물을 흘리는 아이를 토닥거리며 엄마 마음에도 눈물이 흐른다.

"아이씨. 시험 끝나자마자 이번 주에 수행평가 세 개나 있어."

아이는 투덜거린다. 긴장돼서가 아니다. 귀찮아서다. 수행평가는 대부분 수업 중에 이루어진다. 특별히 스트레스를 받지도 않고, 따로 준비도 안 한다. 다만 보통 수업 때처럼 딴짓을 하거나 졸 수는 없다. 평가는 평가다. 뭐가 되었든 빈칸은 채워야 한다. 다만 수업 시간에 졸았던 부분의 문제는 아리송하다. 대충 몇 자 끄적거리고 바로 딴생각을 한다. 어차피 만점은 기대도 안 한다. 감점도 대수롭지 않다. 엄마 또한 아이의 수행평가에 크게 신경 쓰지 않는다. 아이 몫이니 알아서 하겠거니 싶다.

학생도 학부모도 지필평가 한 문제 틀리는 데는 피눈물을 흘린다. 하지만 수행평가 몇 점 감점된 것에는 눈 하나 깜짝하지 않는다.

정말 이대로 괜찮을까?

보통 수행평가 비율은 30~50%를 차지한다. 적게 잡아서 그 정도다. 100% 수행평가 과제로만 성적을 산출하는 예체능을 제외하고도 그렇다. 국어, 영어, 수학, 사회, 과학 등 수능이나 고등학교 내신에 절대적인 영향을 주는 주요 과목들이 대부분 그렇다. 지필평가 대비해서 쉽게 볼 비율이 아니다. 수행평가 비율이 30%이고 중간고사와 기말고사가 35%씩이라고 해 보자. 수행평가 1점이 감점될 경우 지필평가 점수로 환산하면 2점 문제 이상 틀린 것과 비슷하다. 수행평가 비율이 높을수록 감점의 점수 차는 커진다.

그러나 의외로 수행평가에서 만점을 받는 학생은 드물다. 정확한 성취 기준과 평가 기준을 제시하는데도 불구하고 그렇다. 학생들은 수행에서 몇 점 감점되는

PREFACE

것은 대수롭지 않게 여긴다. 지필평가에서 한두 문제 틀린 걸로 울고불고 야단이 나면서 그렇다. 엄마들도 마찬가지다. 지필평가 점수에는 촉각을 곤두세우지만, 수행평가에는 무관심이다. 아이가 수업 시간에 수행평가를 치른다면 그러려니 한다. 별로 신경을 쓰지 않는다. 이렇게 큰 비율로 성적에 영향을 주는데도 말이다. 무언가 이상하다.

초중고 교육의 정점인 고등학교에 가장 신경 써야 할 것이 내신과 수능이다. 대학 입학에 있어서 가장 중요한 두 가지 축이다. 수능을 위해서 우리는 초등학교 때부터 고등 영어를 끝낸다며 바쁘다. 초등학생이 고등학교 수학 선행을 나가는 일도 드물지 않다. 수능 대비를 위해서 아이들이 지칠 정도로 온갖 열정을 불사른다.

내신을 구성하고 있는 것이 지필평가와 수행평가다. 하지만 내신을 위해서 따로 준비하는 것은 없다.

아래는 교육부에서 예를 들어 제시한 세부 능력 및 특기 사항 기재 예시이다.

〈미적분 1〉

수업 시간에 활용하는 학습 자료와 과제들을 성실한 자세로 해결하는 등 학습 열의가 높으며, 이해하지 못한 수학 개념은 지속적인 질문과 연습을 통해 완전히 이해하고자 노력함. 자신의 학습 방법을 다른 친구들과 함께 공유하는 등 나눔의 정신을 보임. 계산기 프로그램을 이용하여 주어진 극한의 계산값을 정해진 시간 안에 모두 정확히 구하였고, 수학 관련 동영상 '문명과 수학'을 보고 건축, 미술, 얼굴, 자연, 주식, 디자인 속의 수학적 개념을 탐색하고 재조명하는 계기로 삼음. 연속함수에 대한 수학적 지식을 이해하고 '열기구의 부피는 온도가 변함에 따라 연속적으로 변하는 함수로 나타낼 수 있다.'의 주제를 모둠원과 협동적으로 탐구하며, 적극적인 의사소통 과정을 통해 부피와 온도 함수를 정확히 추론하고 정교하게 수행함.

『교육부 연구자료. 과정을 중시하는 수행평가 어떻게 할까요?』

수업 시간에 어떻게 수업에 임해서 수업 내용을 성실하게 학습했는지가 드러나 있다. 내신을 위해 가장 중요한 것이 학교 수업이다. 수업 태도와 성실성이 과정

중심 평가를 거쳐 생활기록부에 그대로 반영된다. 수업 시간에 어떤 자세로 임하는지가 드러나는 것이 생활기록부다. 이를 위해 우리가 준비할 수 있는 것이 수업의 성실성과 수행평가다. 고등학교에서뿐 아니라 초등부터 다져나가야 할 것임이 분명하다 하지만 수업 시간에는 학원 숙제를 하고 선행학습에 신경쓰느라 내신 준비를 할 수가 없다는 불만이 쏟아져 나온다.

도대체 무엇이 먼저인지 알 수가 없다. 수업 시간에 성실하게 참여하면 과정 중심 평가, 즉 수행평가에서 좋은 점수를 얻을 수 있다. 수업에서 다룬 내용들이 기본이 되는 평가이기 때문이다. 그러한 평가 내용이 생기부의 세부 능력 및 특기 사항에 그대로 반영된다. 지금부터 아이의 바른 학습 태도를 기르는 데 꼭 필요하고 준비해야 할 것이 수행평가인 것이다.

수행평가는 보통 3가지에서 4가지 영역으로 평가를 진행하는데, 그 영역에서 10점 혹은 20점짜리를 만점 받기가 지필평가에서 만점을 받기보다 어렵다. 왜냐하면 수행평가는 실세 교실 상황에서 누구의 도움도 없이 본인이 스스로 해내는 과정이다. 수업을 깊이 있게 분석, 관찰하고, 동료들과 협업하며 함께 역할을 수행해 내는 과정 중심 평가이기 때문이다. 이러한 과정들을 제대로 수행해 내는 학생이 상급 학교에 진학했을 때 새로운 과제에 대한 도전 정신이며 성취율, 소통 능력, 결과물의 질이 높다.

실제로 2022 개정교육과정에서는 고등학교 공통과목에도 성취평가제와 석차 등급제를 병행한다고 한다. 2025년에는 전체 선택과목은 성취평가제를 확대 도입해 성장 중심 평가 체제를 구축하려고 한단다. 성장 중심 평가제는 경쟁 중심, 결과 중심의 상대평가와는 달리 과정을 중심으로 학생의 성장을 돕는 평가에 중점을 둘 것이다. 그런 의미에서 수행평가의 비중이 중학교 뿐만아니라 고등학교에서도 전반적으로 확대될 가능성이 높다.

교사들은 교육과정을 분석하고 교과별 핵심 역량과 성취 기준을 바탕으로 평가의 방향과 평가 내용을 정하고 그에 적합한 수행평가 방식을 개발할 것이다. 중학교에 들어가기 전 혹은 중학교에 재학 중인 학생들이 수행평가를 미리 준비해 보고 연습해 봐야 할 이유다. 앞으로 교육과정과 수업과 평가 기록이 모두 교실 안에서 이루어지고, 교실 밖에서는 그 어떤 영향력도 행사하지 못하게 될 것

PREFACE

이다. 그 과정을 미리 경험해 본 학생과 처음 접해 본 학생은 분명한 차이를 보일 수밖에 없다.

"이번에 5학년 올라가면서 중학교 수행평가 대비 시작하려고 하는데 유준 맘도 같이 할래?"

고학년 최상위권 엄마들 사이에 자주 오가는 대화다. 대치동과 목동의 초등 고학년 엄마들이 모여 스터디 그룹을 짤 때 화두가 되는 것 중의 하나가 수행평가다. 수능을 준비하기 위해 영어, 수학을 열심히 달리면서도 한편에서 수행평가를 챙긴다. 수행평가를 꼼꼼하게 준비하는 것이 고등학교까지 연결된다는 것을 알고 대비하는 것이다. 아이가 입학하려는 학교의 수행평가의 내용을 준비하고 연습시킨다. 나만 놓치고 있는지도 모른다.

수행평가 준비 과정에서 가장 중심이 되는 것이 바로 글쓰기다. 아니나 다를까, 서울의 명문이라 불리는 중학교 수행평가의 주요 영역을 분석해 본 바 글쓰기가 대부분을 차지했다. 그 필요성을 참조하여 초등학교 6학년부터 중1의 교과 내용을 바탕으로 글쓰기 주제를 선정하였다.

초등학교 수행평가는 물론이거니와 중학교 수행도 사실 이 책의 주제보다 쉬운 내용이 많다. 평가 기준은 같지만 실제 수행평가는 이 책보다 더 쉽게 출제된다. 글쓰기를 어려워하는 아이들을 고려해서 간단하게 글을 쓰도록 문제를 제출한다.

이 책은 최상위권 아이들의 글쓰기 연습을 위해 문제를 고등학교 방식으로 출제하였다. 초등부터 논리적이고 체계적인 글쓰기 연습을 통해서 확실하게 고등학교 방식의 공부법을 준비시키고자 함이다. 너무 어려울 것을 대비해 꿀샘의 꿀팁을 더했다. 어떻게 글을 써야 구성 있게 쓰고, 좋은 점수를 얻을 수 있는지를 알려주었다. 학생도 엄마도 참고하면 좋겠다. 꿀팁은 엄마와 아이의 팁을 그림으로 구분해 놓았다. 수행평가 유형에 따라 평소 가정에서 부모와 연습할 것과 아이가 실전 글쓰기에서 참고할 것을 지혜롭게 활용하면 된다. (부모 팁 👩, 학생 팁 👦)

지금은 어렵고 길이 안 보이는 듯 하지만, 이 책을 가지고 연습하고 또 연습하자. 글쓰기의 힘을 확실하게 키울 수 있을 것이다.

PREFACE

글쓰기의 힘= 수행평가에서 좋은 점수를 얻는 지름길임을 잊지 말아야겠다.

고등학교에서 가장 점수를 얻기 어려운 것이 국어다. 국어는 열심히 해도 금세 실력이 늘지 않고 쉽사리 떨어지지도 않는다. 하루아침에 실력이 향상되지 않는 것이 국어의 모든 영역이 융합되어 나타나는 글쓰기다. 글쓰기는 대입뿐 아니라 직장의 보고서 작성이나 면접에도 핵심 능력이다. 하다못해 SNS나 카톡 메시지 하나 보내는 것에도 글을 쓰는 능력은 필요하다. 글쓰기가 얼마나 중요하면 하버드나 주요 세계 명문대학교에서 글쓰기를 가장 중요한 능력으로 다루겠는가.

당장 중학교 우등생이나 고등학교에서 1등급을 원한다면 이 책이 필요할 것이다. 또한, 인생 전반에 큰 도움이 될 것이다. 실제 수행평가의 평가 기준을 가지고 연습하니 얼마나 실제적이고 효율적인가. 글쓰기도 연습하고 수행평가도 챙기는 두 가지 이익을 챙기는 일이다. 먼저 일어나는 새가 벌레를 잡는다. 수행평가 완전 대비, 지금부터 시작하자!!

CONTENTS

■ 머리말 / 3

CHAPTER 1. 수행평가 완전 분석 | 11

1. 수행평가 의미와 특징 ·· 13
2. 중학교 수행평가 구성 ·· 26

CHAPTER 2. 교과서 학습 내용 글쓰기 | 41

1. 교과서 학습 내용에 대한 정리를 이용한 수행평가 ················ 43
2. 초등학교 교과서 학습 내용에 대한 수행평가 연습 ················ 44
3. 교과서 학습 내용에 대한 수행평가 예제 ································ 64

CHAPTER 3. 주장하는 글쓰기 | 81

1. 주장하는 글쓰기 수행평가 ·· 83
2. 초등학교 주장하는 글쓰기 수행평가 연습 ······························ 84
3. 주장하는 글쓰기 수행평가 예제 ··· 98

CONTENTS

CHAPTER | **4. 설명하는 글쓰기 | 109**

　　1. 설명하는 글쓰기 수행평가 ·· 111
　　2. 초등학교 설명하는 글쓰기 수행평가 연습 ·· 112
　　3. 설명하는 글쓰기 수행평가 예제 ·· 126

CHAPTER | **5. 문학작품 쓰기 | 145**

　　1. 문학작품 쓰기 수행평가 ·· 147
　　2. 초등학교 문학작품 쓰기 수행평가 연습 ·· 149
　　3. 문학작품 쓰기 수행평가 예제 ·· 156

CHAPTER | **6. 재미있는 글쓰기 | 177**

　　1. 재미있는 글쓰기 주제 수행평가 ·· 179
　　2. 초등학교 다양한 글쓰기 수행평가 연습 ·· 180
　　3. 다양한 글쓰기 수행평가 예제 ·· 196

수행평가 완전 분석

01
CHAPTER

Chapter 1. 수행평가 완전 분석

1. 수행평가의 의미와 특징

1) 수행평가의 의미와 특징

수행평가란 학교생활기록 작성 및 관리 지침에 의하면 "교사가 학생들의 학습 과제 수행 및 결과를 직접 관찰하고 그 결과를 판단하는 평가"다. 한국교육과정평가원에서는 "학생 자신의 지식 및 기능의 습득 여부를 산출물을 만들어 내거나 실제 수행을 통해 보이는 방식"이라고 정의한다. 수행평가는 실제 상황에서 발휘할 수 있는 능력을 측정한다. 간접적인 평가보다는 글을 쓰는 행위 같은 직접적인 평가 방법을 중시한다. 답을 선택하는 것보다는 직접 서술하거나 구성할 수 있는 것이 중요하다. 즉 수행평가는 오랫동안 지속되어온 선택형 문항 중심의 지필평가의 대안 평가 방식이다. 학습의 과정 또는 수행의 과정을 평가하는 것을 주요 목표로 계획하고 운영된다.

수행평가를 알아보기 전에 기반이 되는 과정 중심 평가에 대해 알아야 한다. 교육부에서 제시하는 과정 중심 평가란 교육과정의 성취 기준에 기반한 평가 계획에 따라 교수·학습 과정에서 학생의 변화와 성장에 대한 자료를 다각도로 수집하여 적절한 피드백을 제공하는 평가다. 과정 중심 평가의 특징은 성취 기준에 기반을 둔 평가라는 것이다. 성취 기준은 각 교과에서 학생들이 성취해야 할 지식, 기능, 태도 등의 특성을 진술한 것이다. 이는 교수·학습 및 평가의 실질적인 근거가 된다. 성취 기준은 해당 교육과정 내용, 성취 수준과 연계성을 가진다. 이는 수업 중에 이루어지는 평가이다. 교수·학습과 연계된 평가를 지향한다. 과정 중심 평가는 지식, 기능, 태도가 학습자에게서 어떻게 발달하고 있는지를 파악하기 위해 학습자의 수행 과정을 평가대상으로 한다. 또한, 지식, 기능, 태도의 인지적·정의적 영역까지 포함하여 종합적으로 평가하는 것이 중요하다. 과정중심평가는 평가의 목적이나 내용을 고려하고 다양한 평가 방법을 활용하여 학생에 대한 다양한 측면을 파악하고자 한다. 학습자의 성장과 발달 과정을 관찰함으로써 학습자의 부족한 점을 채워 준다. 우수한 점은 심화·발전 시킬수 있도록 돕는 데 이바지한다.

교육부에서 제시하는 수행평가의 특징은 다음과 같다. 수행평가는 단편적 영역에 대해 일회적으로 평가하기보다는 학생 개개인의 변화와 발달 과정을 종합적으로 평가하기 위해 지속적으로 이루어지는 것을 강조한다. 교수·학습의 결과뿐만 아니라 과정도 중시하는 평가로 학생의 성장과 발달을 중시한다. 모둠 활동 등을 통하여 의사소통과 협업 능력을 강화시킨다. 실제 발생할 수 있는 문제 상황과 유사한 형태로 구성되어야 한다. 학생들이 문제의 정답을 선택하는 것이 아니라, 스스로 답을 구성하거나 행동으로 나타냄으로 능동적 학습 활동을 유도한다. 수행평가는 학생의 인지적인 영역뿐 아니라 정의적인 영역에 대한 종합적이고 전인적인 평가를 중시한다.

수행평가 과제의 특징은 네 가지가 있다. 실생활에서 발생할 수 있는 문제 상황을 반영해야한다. 다양한 지식, 기능, 태도를 통합적으로 활용할 수 있는 과제로 선택한다. 수행평가 과정에서 학습과 성장의 기회를 제공하는 과제여야 한다. 문제 해결을 위해 다양한 시도와 노력을 할 수 있는 과제가 좋다.

강대일, 정창규는 《수행평가란 무엇인가》라는 책에서 수행평가의 특징을 아래와 같이 기술한다.

첫째, 수행평가는 일회적인 평가보다는 학생 개개인의 변화와 발달 과정을 종합적으로 평가하기 위하여 평가의 지속성을 강조한다. 예를 들어 학생의 글쓰기를 포트폴리오 형태로 평가하여 한 학기 단위의 평가를 하는 것이 지속성에 해당된다. 학생들의 학습 과정을 들여다보면서 학생들의 성장과 발달을 지속적으로 기록한 결과를 종합적으로 판단해서 평가하는 방식이다.

둘째, 수행평가는 결과뿐만 아니라 과정도 중요시한다. 배움의 과정에서 교사가 평가한 것뿐만 아니라 그 결과를 피드백하면서 학생의 성장과 발달이 도움이 되도록 교육과정-수업-평가가 일체화되도록 구성한다. 즉 평가를 위한 평가가 아니라 그 과정 안에서의 성장을 중요시한다.

셋째, 그 방식에 따라 개인, 소집단, 대집단 단위로 진행할 수 있다. 의사소통 및 협업 능력 등의 요소는 개인 활동에서는 잘 드러나지 않는다. 모둠 활동을 통해 소집단, 대집단 안에서 학생의 상호 평가 기술을 평가하고 북돋워 주는 역할을 한다. 집단 활동을 통해 상호 의사소통 능력 및 협업 능력을 향상시키지만 문제도 있다. 이 과정에서 무임승차 하는 학생에 대한 불만이 발생할 수 있기 때문이다. 이때 동료 평가 등의 방식을 활용해서 활동에 완충장치를 마련할 수 있다.

넷째, 수행평가는 실제 상황에서 발생할 수 있는 문제 상황과 유사한 형태로 구성되어야 한다. 가급적 실제 상황과 관련 있는 과제를 부여한다. 학생들에게 문제 해결을 위한 도전 의식을 제시하는 동시에 삶과 밀접한 과제를 수행할 수 있는 기회를 주는 데 의미를 둔다. 지식의 습득에서 끝나는 것이 아니다. 그 지식을 학생의 삶과 접목시킨다. 그 과정에서 고민하고 성장할 수 있도록 기회를 마련하고자 노력하는 평가 방식이다.

다섯째, 수행평가는 학생이 정답을 고르기보다 스스로 답을 작성하거나 행동으로 나타내는 등 능동적인 학습 활동을 유도한다. 이로써 고등 사고 능력을 키울 수 있게 돕는다. 선택형 질문지에서 답을 고르는 평가 방식으로는 학생의 성장과 사고력을 얻기 쉽지 않다. 수행평가에서 글을 써보거나 직접적인 수행 과정을 실현해 보면서 체험할 수 있는 지식을 자기화하고 내면화하는 데 도움을 받을 수 있다.

여섯째, 학생의 인지적인 영역뿐만 아니라 기능이 중심되는 심동적 영역, 학생 개개인의 흥미, 태도, 협력, 참여 등 정의적인 영역을 포함한다. 종합적이고 전인적인 평가를 중요시한다. 수행평가를 통해 기능, 가치, 태도를 제대로 관찰하고 판단하는 것이 학생 평가에서 중요하다.

일곱째, 수행평가는 학생의 지식이나 기능이나 태도 등을 평가할 교사의 전문적인 판단에 의해 평가한다. 모든 평가에는 기준이 명확히 제시되어 있지만, 학생의 성취를 점수화하는 과정에서 문제가 생긴다. 객관성과 신뢰성을 강조하다가 평가하고자 하는 것을 제대로 못 보는 경우가 생길 수 있다. 점수화를 지양하고 교사의 평가권을 보장하여 학생을 제대로 평가할 수 있도록 해야 한다. 아무리 기준이 있다고 해도 모든 평가를 객관적으로만 할 수 없다는 한계 또한 존재한다. 객관적으로 평가하려고 최대한 노력하지만, 평가 내용에 따라서는 교사의 주관이 평가에 반영될 수 있다. 이것이 수행평가의 한계점이다.

2) 수행평가 문제점 개선 방향

앞으로 평가의 주체가 교사 중심에서 교사와 학생이 함께하는 방향으로 전환되어야 한다. 평가자의 확대는 학생들이 평가 목표를 명확하게 인식하게 하여 성취도 향상에 도움이 된다. 학생의 수업 참여도도 높아진다. 다양한 평가 방법을 활용하고 교사와 학생이 협업하여 수행 과정과 결과를 기록으로 남긴다면 학생의 성장과 변화를 더욱 잘 관찰할 수 있다. 이로써 수행평가의 단점을 개선하고 신뢰도도 높일 수 있다. 예를 들어 대원국제중에서 사용하는 수행평가 양식을 살펴보면 위 문제를 극복하기 위해 학생 상호 평가를 수행평가에 적극적으로 반영하고 있다.

[과정평가 활동기록지 양식(대원국제중)]

【수업 시간 내 과정평가 활동 기록표】

과목	학년도/학기	반/번호	이름

날짜	활동명	활동 내용	
		학생 평가	준비 과정(시기, 발표를 위해 공부한 내용, 방법 등)을 학생 스스로가 활동마다 기록
		교사 평가	학생 활동에 대한 교사 평가 평가 내용을 학생이 볼 수 있도록 공개해서 장점을 강화하고 단점을 보완하여 다음 활동을 준비할 수 있는 피드백 자료로 활용 추후 과목별 세부 능력 특기 사항, 자유학기제 주제 선택 활동 특기 사항 등의 입력 시 자료로 활용 활동 종료 때마다 상·중·하에 해당하는 성취기준, 평가 내용 등을 수시로 공지하여 학생 활동 독려

1·2학기 수업 시간 내 과정평가 활동 기록표 (학생용)

과목	학년도/학기	반/번호	이름

★ 아래 [활동 내용]에는 가장 의미 있었던 수업 활동과 스스로 공부한 활동과 그 결과 등을 기록하세요.

날짜	단원명	활동 내용
3/2~3/3		
3/6~3/10		

【학생 상호 평가 활동 기록지】

모둠명: 학번: 이름:

구성원 이름						비고
발표 기여도(%)						100
담당 및 역할						

1. 구성원 이름 안에 본인을 포함한 모둠 구성원들의 이름을 적습니다.
2. 각각의 구성원이 발표를 준비에 기여한 정도를 숫자로 환산하여 적습니다. 본인을 포함하여, 전체 구성원 기여도의 합계가 100이 되도록 적습니다.
3. 발표에서 각각의 구성원들이 담당한 역할을 적습니다.

모둠명: 학번: 이름:

문항 \ 모둠	A조	B조	C조	D조	E조	F조	비고
1. 어떠한 내용에 대해 발표했습니까?							
2. 발표가 관련 내용을 이해하는 데에 도움이 되었습니까?							
3. 발표 내용이 사실과 부합하였습니까?							
4. 발표를 성실히 준비하였습니까?							
5. 질의응답에서 내용에 대한 궁금한 점이 해소되었습니까?							
6. 발표에서 특히 좋았던 부분이 있다면?							
7. 발표에서 아쉬웠던 점이 있다면?							

각 학교에서는 이러한 노력들을 통해 수행평가의 단점을 보완하고 학생에게 직접적이고 긍정적으로 작용할 수 있도록 많은 노력을 기울이고 있다.

2015 개정 교육과정뿐 아니라 2022 개정 교육과정에서도 중요하게 다루고 비중을 높이고 있는 과정 중심 평가이다. 이는 수행평가를 포함한 개념이다. 과정 중심 평가는 학생이 지식을 알고 있는지에 대한 단순한 결과만을 측정하는 종전의 방법과는 다르다. 학생이 문제나 과업을 해결하고 수행하는 과정에 중점을 둔다.

평가 결과 활용 범위를 확장하여 평가 자체가 궁극적인 종착점이 아니라 교수학습의 도구나 과정으로 삼는다. 학생의 자기 성찰과 성장, 발전을 도와주는 적극적 평가이다. 교사가 교육과정이나 교육 내용을 재구성하여 평가 계획을 세우고 이에 따라 적절한 진단, 형성, 총괄 평가를 하는 것을 모두 포함할 수 있다.

2022 개정 교육과정에서 이러한 과정 중심 평가를 더욱 확장하는 방향으로 운영된다고 하니 수행평가는 앞으로도 초중고 전반적인 교육과정 전반에 걸쳐 확장될 가능성이 상당히 높다. 이제부터 앞으로 더욱더 중요해질 수행평가를 낱낱이 파헤쳐 보겠다.

3) 수행평가 선정 기준

수행평가에 대해 선정하면서 세 가지에 중점을 두고 선별했다. 서울에서 학업성취도 검사 1위에서 20위 순위 안에 든 학교의 수행평가 주제를 추출하였다. 현재 국가 수준 학업성취도 검사는 실시되지 않고 있다. (곧 학업성취도 평가가 부활한 전망이라고 한다.)

올해 학업 성취도 순위는 모르지만 명문 학교는 쉽게 바뀌지 않는다. 서울의 명문중학교 학군으로 이사를 염두에 둘 때 참고할 수 있는 자료다. 매년 유용하게 활용되고 있다. 중학교 수행평가 내용은 지역마다 상이하고 그 결과 및 수준 차이도 상당하다. 좋은 학군의 잘하는 중학교의 수행평가 문제를 다뤄 보는 것이 아이들에게 더 유익하다.

이러한 판단하에 20개 학교의 2021년 2학기와 2022년 1학기 수행평가 자료를 참고하여 작성하였다. 모든 수행평가 자료는 학교 알리미 사이트에서 추출하였다. 다음은 20개 학교의 리스트이다.

【2013 서울 중학교 순위 (학업성취도 평가 기준)】

순위	학교명	시군구	설립구분	남녀	보통 이상 학력 비율 (국영수 평균)
1	대원국제중학교	광진구	사립	공학	99.8
2	영훈국제중학교	강북구	사립	공학	99.2
3	대청중학교	강남구	공립	공학	97.3
4	압구정중학교	강남구	공립	공학	96.8
5	단국대학교사범대학부속중학교	강남구	사립	남자	96.2
6	대명중학교	강남구	공립	공학	95.2
7	목일중학교	양천구	공립	공학	95.2
8	대왕중학교	강남구	공립	공학	94.6
9	목운중학교	양천구	공립	공학	94.2
10	경원중학교	서초구	공립	공학	94.2
11	원촌중학교	서초구	사립	공학	94.2
12	진선여자중학교	강남구	사립	여자	94.1
13	세화여자중학교	서초구	공립	여자	94.1
14	월촌중학교	양천구	공립	공학	93.5
15	오륜중학교	송파구	공립	공학	93.5
16	광남중학교	광진구	공립	공학	93.4
17	서운중학교	서초구	공립	공학	93.1
18	서일중학교	서초구	공립	공학	93.0
19	봉은중학교	강남구	공립	공학	92.7
20	을지중학교	노원구	공립	공학	92.5

아래는 2016 국가 수준 학업성취도 순위이다. 서울시 구별로 학업성취도가 높은 학교가 정리되어 있다. 다음으로 2019 서울 소재 중학교의 특목고와 자사고 입학률 순위표를 살펴보겠다. 마지막에는 2021 특목고에 입학한 학생수를 기준으로 중학교 순위를 10위까지 알아보겠다.

	분당구	강남구	서초구	수지구	양천구	송파구	노원구	용산구	강동구	마포구
1	수내중	대왕중	서운중	홍천중	목운중	오륜중	을지중	용강중	명일중	서울여
2	내정중	압구정	원촌중	이현중	월촌중	잠실중	상명중	성심여	한영중	상암중
3	구미중	대청중	세화여	성북중	신목중	잠신중	불암중	한강중	강일중	중암중
4	서현중	대명중	서일중	정평중	봉영여	신천중	중계중	신광여	성덕여	숭문중
5	이매중	신사중	신반포	서원중	목일중	가원중	중평중	배문중	성내중	신수중
6	백현중	단대부	경원중	대덕중	양정중	보성중	태랑중	보성여	동북중	동도중
7	낙원중	역삼중	서문여	수지중	목동중	정신여	상계중	용산중	신명중	광성중
8	양영중	도곡중	신동중	죽전중	신서중	방산중	노원중	선린중	강명중	홍대부
9	분당중	구룡중	반포중	한빛중	금옥중	가락중	상경중	오산중	신암중	창천중
10	늘푸른	진선여	서초중	대지중	영도중	송파중	노일중		상일여	성산중
11	불곡중	언주중	방배중	상현중	강신중	송례중	하계중		강동중	성사중
12	송림중	숙명여	동덕여	손곡중	신월중	아주중	녹천중		배재중	아현중
13	판교중	봉은중	영동중	현암중	양동중	문정중	신상중		둔촌중	경성중
14	정자중	휘문중	이수중	성서중	양천중	석촌중	상원중		천일중	성서중
15	샛별중	대치중	언남중	신봉중	신남중	풍성중	한전중		고덕중	
16	신백현	은성중		문정중	양강중	거원중	공릉중		동신중	
17	매송중	개원중			신화중	세륜중	수락중		천호중	
18	운중중	개포중			신원중	일신여	중원중		한산중	
19	보평중	청담중			양서중	문현중	광원중			
20	야탑중	세곡중				영파여	재현중			

【2019학년도 서울 소재 중학교의 특목고와 자사고 입학률 순위】

	지역	학교명	특목고	자사고	구분
1	광진구	대원국제중학교	32.1	35.9	사립
2	강북구	영훈국제중학교	15.7	44.0	사립
3	양천구	양정중학교	5.2	52.1	사립
4	서초구	신동중학교	9.1	43.6	공립
5	마포구	숭문중학교	1.9	50.6	사립
6	강남구	휘문중학교	3.5	46.1	사립
7	서초구	세화여자중학교	2.4	43.0	사립
8	동대문구	경희중학교	1.7	39.3	사립
9	서초구	경원중학교	5.0	34.3	공립
10	강남구	압구정중학교	8.9	29.4	공립
11	서초구	신반포중학교	2.8	32.4	공립
12	서초구	반포중학교	2.3	32.5	공립
13	동대문구	성일중학교	2.8	31.1	공립
14	강동구	배제중학교	2.7	30.4	사립
15	마포구	광성중학교	4.9	27.0	사립
16	성북구	고명중학교	4.0	27.8	사립
17	강북구	신일중학교	0.0	31.4	사립
18	송파구	신천중학교	4.5	26.3	공립
19	성북구	길음중학교	7.8	22.8	공립
20	강남구	중동중학교	1.0	29.0	사립
21	동대문구	대광중학교	2.5	27.0	사립
22	서초구	서일중학교	8.1	21.0	공립
23	도봉구	선덕중학교	5.5	23.6	사립
24	용산구	용강중학교	6.0	23.0	공립
25	양천구	목운중학교	5.6	22.8	공립

	지역	학교명	특목고	자사고	구분
26	송파구	보성중학교	5.1	22.3	사립
27	성북구	서울대학교사범대학부속중학교	2.1	24.6	국립
28	서초구	원촌중학교	2.6	23.7	공립
29	양천구	월촌중학교	7.8	18.3	공립
30	송파구	잠신중학교	5.7	19.6	공립
31	서대문구	이화여자대학교사범대학부속이화금란중학교	2.3	22.7	사립
32	송파구	잠실중학교	6.6	18.2	공립
33	강남구	대청중학교	3.2	21.6	공립
34	성북구	삼선중학교	4.0	20.7	공립
35	동작구	동작중학교	1.4	23.2	공립
36	강남구	청담중학교	2.9	21.7	공립
37	영등포구	여의도중학교	5.9	18.8	공립
38	강남구	대명중학교	6.0	18.0	공립
39	종로구	배화여자중학교	4.7	18.9	사립
40	강남구	역삼중학교	6.2	17.4	공립
41	성동구	경일중학교	0.0	23.6	공립
42	마포구	중암중학교	4.5	18.6	공립
43	송파구	송파중학교	3.0	19.9	공립
44	송파구	오륜중학교	8.5	13.9	공립
45	마포구	서울여자중학교	6.4	15.5	공립
46	동작구	성남중학교	1.7	20.2	사립
47	동작구	사당중학교	1.9	19.4	공립
48	동대문구	동국대학교사범대학부속중학교	2.1	19.2	사립
49	광진구	광남중학교	4.4	16.7	공립
50	동대문구	전농중학교	2.1	18.8	공립

[2021 특목고에 입학한 학생 수 기준 중학교 순위다.]

【2021 특목고에 입학한 학생 수 기준 중학교 순위】

순위	중학교	명수
1	청심국제중학교	70
2	오마중	49
3	귀인중	46
4	영훈국제중	45
5	대원국제중	44
7	인천청라중	37
7	부원여자중	37
8	반송중	36
9	과천문원중	35
10	평촌중	34
10	삼정자중	34
10	불암중	34

위 학교들을 중심으로 중학교 수행평가 내용은 1학년 1, 2학기 수행평가 내용을 선정하였다. 중학교 2학년은 첫 지필평가에 대비하는 데 총력을 기울여야 할 시기이다. 입학과 동시에 성적으로 산출되지는 않지만 중학교 방식의 수행평가가 치러진다. 그 방식에 익숙해지도록 준비하는 것이 중학교 전반의 학습에 영향을 준다고 볼 수 있다. 입학과 동시에 1학년 시기는 수행평가에 집중하는 시기로 잡는 것이 좋다. 초등학교 때부터 수행평가에 대해 충분히 연습할 수 있도록 6학년 2학기와 중학교 1학년 수행평가 내용을 중심으로 살펴보겠다. 초등학교 학업성취도 순위를 중심으로 학교는 선별하였다.

(1) 서울 초등학교 학업성취도 순위 (2011년도)

순위	시군구	학교명	유형
1	노원구	청원초등학교	사립
2	동작구	중앙대사범대학부속초등학교	사립
3	서초구	계성초등학교	사립
4	동대문구	서울삼육초등학교	사립
5	강북구	영훈초등학교	사립
6	도봉구	동북초등학교	사립
7	성북구	매원초등학교	사립
8	서대문구	경기초등학교	사립
9	서초구	서울원명초등학교	공립
10	도봉구	한신초등학교	사립
11	은평구	충암초등학교	사립
12	종로구	운현초등학교	사립
13	중구	동산초등학교	사립
14	마포구	홍익대사범대학부속초등학교	사립
15	송파구	서울잠실초등학교	공립
16	송파구	서울오륜초등학교	공립
17	노원구	화랑초등학교	사립
18	강남구	서울대곡초등학교	사립
19	중랑구	금성초등학교	사립
20	강남구	서울대모초등학교	공립

(2) 서울 강남구 초등학교 성취도 순위(2012년도)

군·구	순위	서울 전체 순위	학교명	설립 구분	보통 이상 (%)	기초 학력 (%)	기초 학력 미만 (%)
강남구	1	18	서울대곡초등학교	공립	96.9	2.8	0.3
	2	20	서울대모초등학교	공립	96.6	3.2	0.2
	3	22	서울대도초등학교	공립	96.5	3.4	0.1
	4	27	서울대치초등학교	공립	96.2	3.6	0.2
	5	29	서울압구정초등학교	공립	96.1	3.9	0.0
	6	33	서울도성초등학교	공립	95.7	3.7	0.6
	7	49	서울왕북초등학교	공립	95.2	6.3	0.0
	8	60	서울일원초등학교	공립	94.5	5.5	0.0
	9	66	서울대현초등학교	공립	94.1	5.9	0.0
	10	68	서울양전초등학교	공립	94.0	5.8	0.2
	11	79	서울언북초등학교	공립	92.6	7.1	0.4
	12	81	서울봉은초등학교	공립	92.6	7.4	0.0
	13	121	서울청담초등학교	공립	90.5	9.2	0.2
	14	129	서울삼릉초등학교	공립	90.1	9.1	0.7
	15	136	서울대청초등학교	공립	89.9	10.1	0.0
	16	148	서울개일초등학교	공립	89.5	8.5	2.0
	17	174	서울신구초등학교	공립	88.4	10.6	0.9
	18	176	서울구룡초등학교	공립	88.3	10.9	0.8
	19	181	서울언주초등학교	공립	88.2	11.2	0.9
	20	183	서울도곡초등학교	공립	88.1	11.1	0.8
	21	212	서울논현초등학교	공립	86.8	13.2	0.0
	22	240	서울대진초등학교	공립	85.6	12.6	1.8
	23	273	서울포이초등학교	공립	84.4	15.0	0.6
	24	287	서울학동초등학교	공립	83.9	15.2	0.9
	25	295	서울개원초등학교	공립	83.7	15.5	0.8
	26	374	서울수서초등학교	공립	80.3	18.4	1.3
	27	378	서울개포초등학교	공립	80.1	19.5	0.4
	28	385	서울영희초등학교	공립	79.9	17.1	3.0
	29	391	서울대왕초등학교	공립	79.7	19.2	1.5
	30	455	서울역삼초등학교	공립	77.1	22.3	0.5

마지막으로 수행평가가 이뤄지는 과목 중에서 국어, 영어, 수학, 사회, 과학 등 다섯 개의 주요 과목의 수행평가를 기준으로 살펴보았다. 이 과목 이외에 기술가정, 체육, 음악, 미술, 영어, 한문, 정보 과목에서 수행평가를 실시한다. 예술체육 과목의 경우 과목에 맞는 활동들이 수행평가에서 이뤄지는데, 이 책만으로 대비하기에 한계점이 있다. 이러한 과목은 자녀가 입학하고자 하는 중학교의 학교 알리미 사이트에 접속하여 살핀다. 어떤 방식으로 어떤 종목을 배우는지 살펴보고 준비하는 것이 직접적인 도움이 된다. 국영수사과 주요 과목의 경우는 고등학교까지 이어지는 입시 레이스에서 중요하고 비중이 높다. 이 과목들의 주요 수행평가 방식에 익숙해지는 것을 목표로 삼았다.

【이 책에서 다루는 수행평가 내용】

과 목	국영수사과 · 기타
시 기	초 6-2 / 중 1
연 도	2021년 2학기 / 2022년 1학기

2. 중학교 수행평가 구성

초등학교 때부터 다양한 방식의 수행평가가 실시된다. 중·고등학교의 수행평가는 입시에 직접적인 영향을 주는 만큼 객관성과 공정성이 우선시된다. 초등학교는 비교적 입시에서 자유로운 상황이라 타당성을 더욱 강조한다고 볼 수 있다. 초등학교에서 중학교로 진학하게 되면 늘어난 수행평가의 비중과 복잡해진 기준에 당황해하는 친구들이 많다. 이에 중학교 수행평가의 구성에 대해서 자세히 살펴보고 대처할 수 있어야 한다.

1) 중학교 수행평가 어떻게 달라질까?

중학교, 입시 레이스가 시작되는 학제가 시작되면서 수행평가의 중요성이 늘어난다. 초등학교 때 간단하게 단원평가나 형성평가, 만들기 등으로 이뤄졌던 수행평가와 달라지기 시작한다. 중학교에서 도대체 수행평가의 비중이 얼마나 높아지고 중요해지는 걸까? 대치초등학교와 대원국제중의 학년별 평가 항목별 비율을 예로 살펴보겠다.

【대치초등학교 2021년 2학기 국어과 평가 계획】

학기	영역	성취 기준	평가 기준		평가 방법	관련 단원	평가 시기
2학기	듣기·말하기	매체 자료를 활용하여 내용을 효과적으로 발표한다.	잘함	말하기 상황, 목적, 내용에 적합한 매체 자료를 효과적으로 활용하여 듣는 이가 이해하기 쉽고 흥미를 가지도록 발표할 수 있다.	관찰 평가	4. 효과적으로 발표해요	10월 4주
			보통임	말하기 내용에 적합한 매체 자료를 활용하여 듣는 이가 이해하기 쉽게 발표할 수 있다.			
			노력요함	말하기 내용과 관련된 매체 자료를 사용하여 발표할 수 있다.			
	읽기	글을 읽고 글쓴이가 말하고자 하는 주장이나 주제를 파악한다.	잘함	글을 읽고 명시적으로 드러나 있거나 그렇지 않은 글쓴이의 주장이나 주제를 글에 드러난 단서나 문맥을 활용하여 정확하게 파악할 수 있다.	지필 평가	5. 글에 담긴 생각과 비교해요	11월 3주
			보통임	글을 읽고 명시적으로 드러나 있거나 그렇지 않은 글쓴이의 주장이나 주제를 파악할 수 있다.			
			노력요함	글을 읽고 표면적으로 드러난 글쓴이의 주장이나 주제를 대강 파악할 수 있다.			
	문법	관용 표현을 이해하고 적절하게 활용한다.	잘함	다양한 관용 표현을 탐구하고 이를 언어생활에서 응용하여 적절하게 활용할 수 있다.	지필, 관찰 평가	2. 관용 표현을 활용해요	9월 4주
			보통임	관용 표현에 대해 이해하고 이를 언어생활에서 적절하게 활용할 수 있다.			
			노력요함	자주 쓰는 관용 표현을 알고 이를 언어생활에서 활용할 수 있다.			

【대원국제중 2021년 2학기 국어과 평가 계획】

가. 1학년 1학기, 2학기

1학년 1학기, 2학기
수 행 평 가
독서 및 독후활동 (학기당 4회)
100%

나. 2학년 1학기, 2학기

2학년 1학기									
수 행 평 가					지 필 평 가			
독서 및 독후활동				탐구 활동	중간고사(100점 만점)		기말고사(100점 만점)	
					서·논술형	선택형	서·논술형	선택형
10점	10점	10점	10점	10점	20점	80점	20점	80점
10%	10%	10%	10%	10%	5%	20%	5%	20%
50%					25%		25%	

2학년 2학기									
수 행 평 가					지 필 평 가			
독서 및 독후활동				탐구 활동	중간고사(100점 만점)		기말고사(100점 만점)	
					서·논술형	선택형	서·논술형	선택형
10점	10점	10점	10점	10점	20점	80점	20점	80점
10%	10%	10%	10%	10%	5%	20%	5%	20%
50%					25%		25%	

다. 3학년 1학기, 2학기

3학년 1학기									
수 행 평 가					지 필 평 가			
독서 및 독후활동				탐구 활동	중간고사(100점 만점)		기말고사(100점 만점)	
					서·논술형	선택형	서·논술형	선택형
10점	10점	10점	10점	10점	20점	80점	20점	80점
10%	10%	10%	10%	10%	5%	20%	5%	20%
50%					25%		25%	

3학년 2학기									
수 행 평 가					지 필 평 가			
독서 및 독후활동				탐구 활동	중간고사(100점 만점)		기말고사(100점 만점)	
					서·논술형	선택형	서·논술형	선택형
10점	10점	10점	10점	10점	20점	80점	20점	80점
10%	10%	10%	10%	10%	5%	20%	5%	20%
50%					25%		25%	

초등학교에서 수행평가는 지필이나 관찰평가가 대부분을 차지한다. 중학교의 수행평가는 지필평가만큼 큰 비중을 차지한다. 중간고사나 기말고사가 25%의 비율을 차지한다. 이와 비교할 때 한 학기당 수행평가와 지필평가가 같은 비중을 차지한다. 수행평가의 비중이 초등학교에 비해 상당히 높아지는 것을 알 수 있다. 내신 점수가 본격적으로 입시에 반영이 되는 고등학교 시기에 앞서 수행평가를 제대로 익혀 두고 연습하는 것이 중요한 이유이다.

2) 중학교 수행평가 비율

비중이 높아진 중학교 수행평가에는 어떤 내용들로 평가가 이루어질까? 학업성취도 상위 20개 학교의 1학년 국어 수행평가를 참고로 수행평가 실시 비율을 살펴보도록 하겠다.

학교명	수행평가 비율
대원국제중	독서 및 독후활동 100%
영훈국제중	독서 생각지 70%, 발표 20%, 쓰기 10%
대청중	쓰기 25%, 상황극 25%, 한 권 읽기 25%, 수업 참여도 25%
압구정중	마인드맵 25%, 요약 및 생각 정리 25%, 독서토의 25% 형성평가 25%
단국대사범대부속중	시 창작 50%, 기사문 쓰기 50%
대명중	개요 작성 글쓰기 50%, 포트폴리오 50%
목일중	시집 만들기, 책 읽고 대화하기, 문법 형성평가
대왕중	비유적 표현을 활용한 시 쓰기, 독후활동
목운중	시집 만들기, 책 읽고 대화하기, 가족신문 만들기
경원중	시 창작 및 시화 그리기, 문법 이해, 독서활동, 누가 기록
원촌중	포트폴리오 100%
진선여중	자료 찾으며 책 읽기 100%
세화여중	시화전, 독후활동, 형성평가, 갈등이 드러나는 글쓰기
월촌중	독서 포트폴리오, 경험을 담은 글쓰기, 언어의 세계 이해
오륜중	독후활동, 협력적 글쓰기, 관찰평가
광남중	문학, 문법, 듣기, 말하기, 읽기, 쓰기
서운중	비유와 상징을 활용한 시 창작, 독서 일지
서일중	쓰기, 문법, 학습과정 평가
봉은중	꿈 담은 시 짓기, 나는 내가 좋아 수필 쓰기
을지중	시 경험 쓰기와 시 창작 50%, 수업 참여도 및 문법 형성평가 50%

학업성취도 상위 20개 학교의 1학년 영어 수행평가를 참고로 한 수행평가 비율이다.

학교명	수행평가 비율
대원국제중	말하기, 듣기, 쓰기
영훈국제중	활동지 10%, 독서토론 10%, 개인 발표 30%, 주제별 글쓰기 30%, 에세이 쓰기 20%
대청중	쓰기, 말하기 프로젝트, 포트폴리오, 수업 참여도
압구정중	포트폴리오 100%
단국대사범대부속중	자기소개 발표 50%, 경험 글쓰기 50%
대명중	쓰기 프로젝트 50%, 포트폴리오 50%
목일중	자서전 쓰기 20%, 시 창작 20%, 문법 20%, 독서 20%, 참여도 20%
대왕중	듣기 50%, 서·논술형 쓰기 50%
목운중	진로 탐색 및 말하기, 쓰기 및 학습활동
경원중	쓰기, 말하기. 수업과정
원촌중	듣기, 쓰기 및 포트폴리오, 개인 프로젝트
진선여중	진선 타임즈 만들기 100%
세화여중	필기체 쓰기. 리스팅, 영화 포스터 만들기
월촌중	말하기, 쓰기
오륜중	단원평가, 서술형 오픈 테스트, 나만의 수학책 만들기
광남중	형성평가, 탐구활동, 포트폴리오
서운중	포트폴리오, 문제해결 능력 평가
서일중	말하기, 쓰기 및 포트폴리오, 수업과정 평가
봉은중	듣기, 말하기, 쓰기, 포트폴리오
을지중	쓰기, 포트폴리오

학업성취도 상위 20개 학교의 1학년 수학 수행평가 비율이다.

학교명	수행평가 비율
대원국제중	독서활동 25%, 모둠별 프로젝트 25%, 개인 발표 25%, 포트폴리오 25%
영훈국제중	마인드맵 20%, 문제 만들기 20%, 포트폴리오 60%
대청중	포트폴리오, 문제해결, 그래프 그리기
압구정중	말하기 25%, 듣기 25%, 수업 태도 25%, 진로 독서 25%
단국대사범대부속중	포트폴리오 50%, 형성평가 50%
대명중	형성평가 50%, 포트폴리오 50%
목일중	형성평가, 수업 참여도, 좌표 디자인
대왕중	진로 탐색 보고서, 그래프 만들기, 포트폴리오
목운중	수와 연산, 문자와 식 서·논술형 평가
경원중	구술 관찰 활동시, 방정식 만들기, 지도를 활용한 좌표와 그래프
원촌중	포트폴리오, 문제 해결 평가, 프로젝트
진선여중	나의 일생 방정식 만들기, 정비례 반비례 그래프 그리기
세화여중	수와 연산, 방정식, 그래프와 비례 형성평가
월촌중	단원평가, 일차방정식 활용한 신문 만들기, 순서쌍을 활용한 별자리 만들기
오륜중	말하기, 형성평가, 쓰기, 포트폴리오
광남중	읽기(영어독서), 쓰기
서운중	포트폴리오, 개인평가
서일중	수학 달력, 방정식 사회, 애널리스트, 형성평가, 포트폴리오
봉은중	형성평가, 나의 일생, 포트폴리오
을지중	포트폴리오, 형성평가, 수학신문 만들기

국어, 영어, 수학 수행평가를 비교해 본 결과 두드러진 것이 바로 쓰기 영역이다. 수행평가의 핵심이 글쓰기라고 해도 무방할 정도이다. 수업 과정에서 발생하는 결과물을 모으는 포트폴리오나 형성평가를 제외하고 가장 많이 등장하는 것이 글쓰기다. 자기 생각 글쓰기, 교과서 내용 정리하기, 주장하는 글쓰기 등 다양한 영역에서 글쓰기 능력 평가를 하게 된다.

3) 중학교 수행평가 평가 기준

수행평가는 어떤 기준으로 평가하게 될까? 주제에 따라, 학교 상황에 따라 각기 다른 평가 기준이 적용된다. 을지중의 국어 수행평가 평가 기준의 예를 살펴보겠다.

평가 시기	학기 중	단원	전 단원 / 매 차시	배점	
성취 기준	수업에 적극적으로 참여하며 국어 능력을 신장한다. [듣·말04] 토의에서 의견을 교환하여 합리적으로 문제를 해결한다. [읽기08] 도서관이나 인터넷에서 관련 자료를 찾아 참고하면서 한 편의 글을 읽는다. [쓰기06] 다양한 자료에서 내용을 선정하여 통일성을 갖춘 글을 쓴다. [문학03] 갈등의 진행과 해결 과정에 유의하며 작품을 감상한다.					
평가 과제명	수업 참여도				
교과 역량	자기성찰/계발 역량, 문화 향유 역량, 비판적/창의적 사고 역량, 의사소통 역량, 공동체·대인관계 역량				
평가 방법	☐ 서술·논술　　☐ 구술·발표　　☐ 토의·토론　　■ 프로젝트 ☐ 실험·실습　　■ 포트폴리오　　■ 기타 ■ 자기 평가　　☐ 동료 평가　　■ 관찰평가				
과제 내용 및 평가 계획	• 과제 내용 　- 수업 준비와 태도, 수업 중 학습과정 평가 • 평가 계획 　- 수업 시간마다 수업 준비 및 학습 태도를 관찰하여 누가로 기록하고 제시된 학습지의 과제 해결 완성도를 평가한다. • 평가 요소 　- 수업 준비, 수업 태도, 과제 수행				
평가 시 유의점	• 장기 결석자, 미인정 결석자, 재차 응시 안내 후 미응시자는 최하점의 차하점 부여 • 질병으로 인한 불참은 추후에 별로 진행하며 동일 기준으로 평가 • 제출 기한 초과 시 감점 • 기타 사항은 학업성적 관리 규정에 따라 처리				

평가 과제명	평가 요소	평가 척도	채점 기준
수업 참여도	수업 준비	상	교과서, 학습지 등 수업 준비 상태가 우수하다.
		중	교과서, 학습지 등 수업 준비 상태가 양호하다.
		하	교과서, 학습지 등 수업 준비에 노력이 요구된다.
	수업 태도	상	성실하고 적극적인 수업 태도를 보인다.
		중	성실하나 소극적으로 참여하는 수업 태도를 보인다.
		하	성실성과 참여 의지가 부족하다.
	과제 수행	상	수업 시간에 수행하는 활동 과제의 형식적, 내용적 완성도가 높다.
		중	수업 시간에 수행하는 활동 과제를 형식적, 내용적으로 완성하였다.
		하	수업 시간에 활동 과제를 대부분 완성하지 못하였다.

〈시 경험 쓰기와 시 창작〉 평가 정보표 및 채점 기준

평가 시기	4~7월	단원	새로운 시작	배점	
성취 기준	[문학02] 비유와 상징의 표현 효과를 바탕으로 작품을 수용하고 생산한다.				
평가 과제명	시 경험 쓰기와 시 창작				
교과 역량	자기 성찰·계발 역량, 문화 향유 역량, 비판적·창의적 사고 역량				
평가 방법	■ 서술·논술　　□ 구술·발표　　□ 토의·토론　　□ 프로젝트 □ 실험·실습　　□ 포트폴리오　　□ 기타 □ 자기 평가　　□ 동료 평가　　■ 관찰평가				
과제 내용 및 평가 계획	• 과제 내용 　- 시를 읽고 자신의 경험 쓰기와 비유와 상징을 활용한 시 창작하기 • 평가 계획 　- 다양한 시 작품에 대한 시 경험 쓰기를 하며, 비유·상징 표현의 의미를 주체적으로 해석한다. 　 비유와 상징 표현을 활용하여 자신의 생각이나 느낌, 경험을 시로 창작한다. • 평가 요소 　- 참여도 및 내용, 내용(주제·정서·분위기), 비유와 상징 표현, 형식				
평가 시 유의점	• 장기 결석자, 미인정 결석자, 재차 응시 안내 후 미응시자는 최하점의 차하점 부여 • 질병으로 인한 불참은 추후에 별로 진행하며 동일 기준으로 평가 • 제출 기한 초과 시 감점 • 기타 사항은 학업성적관리규정에 따라 처리				

평가 과제명	평가 요소	평가 척도	채점 기준
시 경험 쓰기	참여도 및 내용	상	성실히 참여하며 자신의 경험을 진솔하게 작성하고, 시 속 비유와 상징 표현에 주목하여 시를 주체적으로 해석하고 감상한다.
		중	대부분 성실히 시 경험 쓰기에 참여하였고, 시 속 비유와 상징 표현에 주목하여 작품을 감상한다.
		하	성실성이 요구되며 시에 대한 감상이 피상적이다.
시 창작	내용 (주제·정서·분위기)	상	주제 의식이 구체적이고, 작품의 지배적인 정서를 효과적으로 나타내고 있으며 작품의 분위기가 심미적이다.
		중	주제 의식이 있으며, 작품의 정서와 분위기를 드러내는 문학적 표현이나 장치가 있다.
		하	표현하고자 하는 자신의 느낌이 있다.
	비유와 상징 표현	상	창의적인 비유와 상징 표현을 활용하여 주제를 효과적으로 형상화하고 있다.
		중	비유와 상징 표현을 활용하여 시를 창작하였다.
		하	비유와 상징 표현을 이해하고 있다.
	형식	상	운율감이 뛰어나고 형식적으로 완성도가 높은 한 편의 시를 창작하였다.
		중	요구하는 조건이 갖춰져 있으며 형식적으로 완결된 한 편의 시를 창작하였다.
		하	형식적으로 미흡한 시를 창작하였다.

다음은 대원국제중의 1학년 1, 2학기 수행평가 영역별 세부 기준이다.

평가 항목	평가 내용	평가 기준			배점 비고
독서 및 독후활동 (학기당 4회)	형식 적합도	적합함	적합하지 않음	미제출 등	■ 5가지 평가 기준의 성취도를 3단계로 평가 ■ '형식 적합도'는 각 과제에 주어진 형식(논술문, 서평, 독서감상문, 추천도서 읽기 등)을 갖추어 작성하였는지를 평가함. ■ '분량'은 주어진 형식(논술문, 서평, 독서감상문, 추천도서 읽기 등)과 양식지의 항목별로 포함되어야 하는 내용을 정량적, 객관적으로 판단하여 평가함. ■ '자필 작성 여부'는 주어진 형식(논술문, 서평, 독서감상문, 추천도서 읽기 등)과 양식지에 교과 수업시간 내에 글쓰기 일반 과정(개요-내용 생성-내용 조직-초고 쓰기-고쳐 쓰기)에 따라 작성되었는지를 자필 작성 여부로 평가함. ■ '수업 시간 중 완성 여부'는 해당 수행평가를 실시하는 수업시간 내에 완성하였는지를 평가하며, 해당 수업 당일까지만 '기한 이후에 제출함'으로 인정하고 그 이후로는 미제출로 처리함. ■ '정해진 양식지에 기록 여부'는 수업 시간에 배부한 정해진 양식지에 독후활동을 기록하였는지를 평가함. ■ 미제출, 장기 결석자, 표절: '하' 부여 ■ 위탁 학생 중 수행평가 미참여자: '하' 부여 ■ 자유학기제로 인하여 점수 부여 없이 서술형 문장으로 평가 결과를 제시함.
		상	중	하	
	분량	1쪽	1쪽 미만	미제출 등	
		상	중	하	
	자필 작성 여부	자필로 작성함	자필로 작성하지 않음	미제출 등	
		상	중	하	
	수업 시간 중 완성 여부	수업시간 중 제출함	수업 당일에 제출함	미제출 등	
		상	중	하	
	정해진 양식지에 기록 여부	정해진 양식지에 작성함	정해진 양식지에 작성하지 않음	미제출 등	
		상	중	하	

수행평가에 참여할 때 무엇보다 중요한 것이 평가 기준이다. 예를 들어 시 경험 쓰기에서 '하'의 평가를 받는 경우는 성의 없이 수행평가에 참여했다고 보이는 경우다. 성실하지도 않고 자신의 감상을 제대로 적지 않은 경우 '하'의 평가를 받을 수밖에 없다. 그렇다면 '상'과 '중'의 차이는 무엇일까? 자신의 경험이 녹아 있고 시의 표현에 있어 주체적인 표현을 하고자 애쓴 여부를 보고 판단한다. 아이들이 수행평가의 글을 작성하면서 중요한 것이 자기 주도성이다. 다양한 경험에서 녹아 나온 결과물이어야 유리하다는 결론이다. 수행평가가 교육과정에서 배운 내용 안에서 일어나는 평가인 만큼 그렇게 크게 어렵지는 않다. 다만 성실성과 자기 주도적인 학습 태도가 분명 점수에 영향을 줄 수 있다는 점을 기억해야 한다. 아이들은 느끼고 자신이 생각하는 만큼 써낼 수 있으므로 이 점에 유의하여 수행평가를 준비해야 할 것이다.

4) 수행평가의 종류

유형	정의	특징 및 방법
논술	한 편의 완성된 글로 작성하는 방식으로 자신의 생각이나 주장을 논리적으로 작성해야 하므로 학생이 제시한 아이디어뿐만 아니라 조직이나 표현의 적절성 등을 함께 평가함.	학생이 답을 선택하는 것이 아니라 학생의 생각이나 의견을 직접 기술하기 때문에 창의성, 문제 해결력, 비판력, 통합력, 정보 수집 및 분석력 등의 고등 사고 능력을 평가하기에 적합함.
구술	특정 내용이나 주제에 대해서 자신의 의견이나 생각을 발표하도록 하여 학생의 준비도, 이해력, 표현력, 판단력, 의사소통 능력 등을 직접 평가하기 위해 활용하는 방법	특정 주제에 대하여 학생들에게 발표 준비를 하도록 한 후 발표에 대하여 평가함. 또는 평가 범위만 미리 제시하고 구술평가를 시행할 때 평가자가 관련된 주제나 질문을 제시하고 학생이 답변하게 하여 평가함.
토의·토론	특정 주제에 대해 학생들이 서로 토론하고 토의하는 것을 관찰하여 평가하는 방법	서로 다른 의견을 제시할 수 있는 주제에 대해서 개인별 혹은 소집단별로 토론을 하도록 한 다음, 학생들이 사전에 준비한 자료의 다양성이나 적절성, 토론 내용의 논리성, 상대방의 의견을 존중하는 태도, 토론 진행 방법 등을 종합적으로 평가하는 방법
프로젝트	특정한 연구 과제나 산출물 개발 과제 등을 수행하도록 한 다음 프로젝트의 전 과정과 결과물(연구보고서나 산출물)을 종합적으로 평가하는 방법	결과물과 함께 계획서 작성 단계에서부터 결과물 완성 단계에 이르는 전 과정도 함께 중시하여 평가함.
실험·실습	학생들이 직접 실험·실습을 하고 그에 대한 과정이나 결과에 대한 보고서를 쓰게 하고 제출된 보고서와 함께 교사가 관찰한 실험·실습 과정을 종합적으로 평가하는 방법	실험·실습을 위한 기자재의 조작 능력이나 태도, 지식을 적용하는 능력, 협력적 문제 해결 능력 등에 대해서 포괄적이면서도 종합적으로 평가함.
포트폴리오	학생이 산출한 작품을 체계적으로 누적하여 수집한 작품집 혹은 서류철을 이용한 평가 방법	학생의 강점이나 약점, 성실성, 잠재 가능성 등을 종합적으로 파악할 수 있고 학생의 성장 과정을 한눈에 볼수 있어서 학생에게 유용한 피드백을 제공할 수 있음 일회적인 평가가 아니라 학생 개개인의 변화와 발전 과정을 종합적으로 평가하기 위해 전체적이면서도 지속적으로 평가하는 것을 강조함.
자기 평가/ 동료 평가	자기 평가: 수행 과정이나 학습 과정에 대하여 학생이 작성한 자기 평가 보고서를 토대로 하여 교사가 평가함. 동료 평가: 동료 학생들이 상대방을 서로 평가한 동료 평가 보고서를 토대로 하여 교사가 평가함.	학습자로 하여금 자신의 학습 준비도, 학습 동기, 성실성, 만족도, 다른 학습자들과의 관계, 성취 수준 등에 대해 스스로 생각하고 반성할 수 있는 기회를 제공함.

교육과정-수업-평가-기록의 일체화 연구회 제공

5) 수행평가 매년 얼마나 달라질까?

매년 수행평가가 얼마나 달라질까? 2021년 주제로 준비를 해도 2022년, 2023년에도 괜찮을지 의문이 생길 것이다. 매년 수행 평가는 도대체 어떻게 달라지는지 궁금할 것이다. 다른 학교 수행평가를 연습하는 것이 과연 도움이 될까 싶은 의문이 생길 것이다. 각 학교의 교사 전입에 따라 수행평가 문제가 변경되기는 한다. 하지만 학교 차원에서 비율이나 문제는 크게 차이 나지 않는다는 점을 염두에 두고 문제를 추출하였다. 또한, 어떤 문제를 연습하느냐보다 패턴을 공부하는 것이 중요하다는 관점에서 책을 준비했다. 수행평가가 교육과정의 변화로 어떻게 달라지든 패턴은 크게 달라지지 않을 것이다. 교과서 학습 내용 추출, 설명하는 글쓰기, 주장하는 글과 독후활동, 자유 주제로 글쓰기의 형태를 벗어나지 않을 것이다. 선생님들은 "수행평가는 일리 있게 생각하고 조리 있게 표현하는 글쓰기 능력을 갖춰야 좋은 점수를 받는다."라고 말한다. 논리 정연하게 생각하고 글 쓰는 능력을 미리 갖춘다면 충분히 수행평가 준비를 하고 있다고 봐도 좋다. 대니얼 코일은 "재능은 타고나는 것이 아니라 연습으로 개발되는 것이다."라고 말한다. 글쓰기에 자신이 없다고 해도 두려워할 것 없다. 글은 쓰는 만큼 는다.

매년 수행평가는 얼마나 달라질까. 2019년~2021년까지 3년간의 수행평가를 비교하기 위해 압구정중 1학년 2학기 자유학년제 수행평가 주제를 소개한다.

과목	2019 평가 항목	2020 평가 항목	2021 평가 항목
국어	면담 질문 만들기	독서 포트폴리오	나의 성찰 그래프 만들기
	수행평가	문법 서·논술형 평가	바른 언어생활과 관련된 글쓰기
	공익광고 제작	부모님 인터뷰(페인트)	독서 포트폴리오
	성찰 일지, 포트폴리오		
사회	보고서	뉴스 대본 작성	뉴스 기사 선정하여 발표 & 소감 작성
	프로젝트 결과물 및 발표	사회 문제 분석 및 타이포그래피 제작	형성 평가
	모둠학습 결과물 및 발표	포트폴리오 평가	포트폴리오 제작
수학	기본 도형과 작도 수행평가 및 포트폴리오	기본 도형과 작도 수행평가 및 포트폴리오	기본 도형과 작도 수행평가 및 포트폴리오
	평면도형 성질, 입체도형의 성질 수행평가 및 포트폴리오	평면도형 성질, 입체도형의 성질 수행평가 및 포트폴리오	평면도형 성질, 입체도형의 성질 수행평가 및 포트폴리오
			통계 협력 기반 모둠활동 포트폴리오
	통계 협력 기반 모둠활동 포트폴리오	통계 포트폴리오	포트폴리오

과목	2019 평가 항목	2020 평가 항목	2021 평가 항목
과학	기체의 온도와 부피 관계	상태 변화와 온도 변화	가스 안전 광고 만들기
	생활 주변에서 일어나는 상태 변화	렌즈와 거울의 상의 작도	생활 주변에서 일어나는 상태 변화
	생활 속의 빛을 포착하라!	나의 미래 직업 명함 만들기	빛 바르게 사용하기
	과학과 관련된 직업 조사와 나의 미래 직업 명함 만들기	포트폴리오	과학과 관련된 직업 조사와 나의 미래 직업 명함 만들기
	포트폴리오		포트폴리오
기술 가정	포트폴리오 평가	포트폴리오 평가	포트폴리오 평가
	포트폴리오 평가	포트폴리오 평가	포트폴리오 평가
	모둠별 신문 만들기		
	실습		
체육	농구 레이업 슛	배드민턴 쇼트 서브	농구 레이업 슛
	윗몸 일으키기	플랭크	윗몸 일으키기
	50m 달리기	훌라후프 돌리기	50m 달리기
	진로 독서		줄넘기(두발 모아 1단 뛰기)
음악	감상	가창	가창
	기악	기악	진로 보고서
	작은음악회	포트폴리오	
영어	마일리지 평가 Ⅰ	마일리지1	마일리지1
	말하기 평가		마일리지2
	듣기 평가	마일리지2	말하기 평가
	프로젝트 평가	나의 여행기 쓰기	나의 여행기 쓰기
	마일리지 평가 Ⅱ		
한문	올바른 한자 쓰기 (6급 기초 한자 300자)	올바른 한자 쓰기 (6급 기초 한자 300자)	올바른 한자 쓰기 (교육용 기초 한자 500자)
	한자를 이용한 문자도 만들기	한자를 이용한 문자도 만들기	한자를 이용한 문자도 만들기
	한문 고전을 읽고 내용을 요약하며 발표하기	한문 고전을 읽고 내용을 요약 발표하기	한문 고전을 읽고 내용을 요약 발표하기

3년에 걸친 수행평가를 분석해 보면, 그 형식이 크게 달라지지 않았다. 또한, 다섯 가지 형태를 벗어나지 않았다는 것을 확인할 수 있다. 이처럼 교과서 내용 추출, 주장하는 글, 설명하는 글, 문학 작품, 재미있게 쓰기의 다섯 가지 방식으로 다양한 주제의 글쓰기를 연습하면 된다. 앞으로 수행평가 주제가 어떻게 바뀌든 그에 걸맞은 글쓰기로 좋은 결과를 얻을 수 있다.

글쓰기에 앞서 글 쓰는 차례가 있나요?

글 쓰는 순서는 글감 찾기부터 시작해요. 어떤 내용을 가지고 글을 쓸지 소재부터 찾아야 합니다. 그 소재의 글을 쓰기 위해 메모하면서 순서를 정하고, 건축 설계도를 그리듯 글의 뼈대를 세웁니다. 이를 구상이라 해요. 다음은 서술입니다. 누구나 알 수 있도록 쉽게 쓰되 구체적으로 아름답게 표현하는 과정이에요. 글의 목적에 따라 알맞은 표현법을 골라가면서 정성스럽게 씁니다. 마지막으로 다 쓴 글을 퇴고해요. 퇴고란 다 쓴 글을 다듬는 과정이에요. 첨가 보충하면서 표현을 상세하게 바꿔줍니다. 불필요한 것, 지나친 표현, 조잡하고 과장된 것은 삭제합니다. 글의 순서는 바른가, 글의 효과를 높이기 위해 순서를 바꿀 것은 없는지 살피며 글을 고칩니다. 전체적으로 주제가 잘 나타났는지, 반대 해석이나 오해될 부분은 없는지 읽어 봐요. 제목이 주제와 조화를 이루는지 전체적으로 살핍니다. 각 부분의 비율을 논리적으로 따져 봐요. 그 후 각각의 문장을 살펴보며 내용을 정확하게 전달하도록 고쳐요. 물론 표기법이나 오자, 탈자, 맞춤법, 문장 부호 등도 전체적으로 퇴고합니다. 이러한 전체적인 퇴고 과정을 통해 한 편의 좋은 글을 완성할 수 있어요. 수행평가의 경우 주제가 정해진 글쓰기가 대부분이기 때문에 소재부터 잘 엮어서 나만의 멋진 글을 완성해 내는 연습이 필요해요. 이정자 작가는 《글쓰기의 이론과 방법》에서 좋은 글의 평가 기준을 아래와 같이 설명하고 있어요.

좋은 글의 평가 기준은 무엇일까요?

　좋은 글이란 어떤 글일까요? 주제를 가장 잘 드러낼 수 있는 글입니다. 자신만의 문제를 바라보는 시각과 가치관이 고스란히 담긴 글입니다. 내용이 정확하고 구체적이며 정확한 용어를 사용합니다. 좋은 글은 문단과 문단 사이에 긴밀한 관계가 있고 논리적으로 구성되어 있습니다. 전체 글의 흐름이 주제에 대해 통일성 있게 전개됩니다. 정확한 문법적 표기와 문장부호 사용은 기본으로 갖추어야 할 요소입니다. 이러한 모든 내용이 한데 조화를 이루되 어렵지 않아야 합니다. 쉽고 객관적인 글이 좋은 글입니다. 또한, 수행평가에서 좋은 글은 기본적으로 평가 기준에 합당해야 할 것입니다.

　그러나 이 기준을 모두 다 만족했다고 해서 매력적인 글이 되는 것은 아닙니다. 좋은 글이지만 계속 곁에 두고 읽고 싶은 글이 된다는 보장은 없습니다. 한 번을 읽어도 글쓴이 고유의 매력이 넘쳐흐르는 글이 좋은 평가를 받을 수 있습니다. 때로는 글이 소박하더라도 글쓴이의 표현 덕분에 금세 빠져드는 글이 존재합니다. 다른 예술 작품과 마찬가지로 글 또한 글쓴이를 닮습니다. 글쓴이가 많은 성찰과 자기만의 생각을 버무려 낸 향기 나는 글을 쓸 때 비로소 좋은 글로 평가받을 수 있습니다. 좋은 글을 쓰기 위해서 무엇보다 중요한 것이 생각하는 힘, 질문하는 힘이라는 이야기입니다. 평소 생활하면서 많은 질문을 던지고 사유하는 습관이 좋은 글을 써낼 수 있는 초석이 되어 줄 것입니다.

교과서 학습 내용 글쓰기

02 CHAPTER

Chapter 2. 교과서 학습 내용 글쓰기

1. 교과서 학습 내용에 대한 정리를 이용한 수행평가

　교과서의 수업 내용을 바탕으로 하는 수행평가에서 가장 중요하게 생각할 부분은 바로 수업 집중도다. 수업에서 배운 내용을 정확하게 이해하고 그 내용을 요약해서 정리할 수 있는 능력이 필요하다. 교과서에서 배운 내용을 그대로 수행평가에 적용하는 경우를 살펴보겠다. 교과서의 내용을 수행평가로 활용하는 경우는 무엇보다 수업 시간에 집중해야 한다. 그 후 내용을 익히는 데 중점을 두어야 한다. 교과서 내용을 벗어나는 어려운 활동보다 수업 과정 안에서 생각하고 조사할 수 있는 것들을 수행평가 과제로 제시한다. 친구들과의 의견을 모으거나 협동학습, 모둠학습을 통해 학습 내용을 심화할 수 있는 활동도 많다. 협동학습에서 다양한 친구들의 성격과 성향, 과제 수행 능력에 맞게 의견을 조율하는 능력 또한 필요하다.

2. 초등학교 교과서 학습 내용에 대한 수행평가 연습

1) 관용 표현 활용하기 (충암초)

수행평가				
단원	영역	성취 기준	평가 요소	평가 방법
2. 관용 표현을 활용해요	문법	관용 표현을 이해하고 적절하게 활용한다.	생각이 효과적으로 드러나는 표현을 활용해 표현하기	관찰

꿀샘의 꿀팁!

평소 생활 속에서 관용 표현이라고 인식하지 못하는 것들 중에서 관용 표현을 찾아서 적절하게 배치하는 것이 중요 포인트다. 관용 표현 중에는 사람의 신체에 관련된 부분들이 많다. 그러한 부분에 대한 것들을 찾아서 5개의 예시문장을 써 보자. 그 예시 문장이 한 개의 주제를 이룬다면 더 없이 좋다. 이로써 관용 표현의 효과를 극대화할 수 있다. '손이 크다, 발이 넓다. 귀가 얇다'라는 관용 표현을 쓴다고 하자. 아무런 연결 없이 하나하나의 관용 표현을 쓰고, 예시 문장을 쓰는 것보다는 5개의 관용 표현이 유기적으로 연결된다면 더욱 좋은 점수를 받을 수 있다. 또한, 마지막 문제로 제시되는 나의 생각에는 관용 표현에 대한 의견을 쓰자. 더불어 관용 표현을 사용하는 주변의 인물에 대한 친화, 유대감 등을 함께 표현한다면 높은 점수를 받을 수 있다.

【수행평가 문제】

1, 내가 자주 사용하는 관용 표현은 무엇이 있을지 생각해 보고, 그 관용 표현을 넣어 짧은 글을 써 보세요.

〈내가 자주 사용하는 관용 표현 〉
관용 표현
   예시 문장

2. 관용 표현
   예시 문장

3. 관용 표현
   예시 문장

4. 관용 표현
   예시문장

5. 관용 표현
   예시 문장

관용 표현에 대한 나의 생각

2) 중심 생각 찾기 (한신초)

영역	단원	성취 기준	평가 기준		평가 방법
읽기	2. 중심 생각을 찾아요	문단과 글의 중심 생각을 파악한다.	매우 잘함	설명하는 글을 읽고 중심 생각을 능숙하게 파악하고 중심 생각을 능숙하게 간추릴 수 있다.	관찰평가 문답평가
			잘함	설명하는 글을 읽고 중심 생각을 능숙하게 파악하고 중심 생각을 간추릴 수 있다.	
			보통	설명하는 글에서 중심 생각을 파악할 수 있다.	
			노력 요함	설명하는 글을 읽고 중심 생각을 능숙하게 파악하고 중심 생각을 간추리는 데 어려움이 있다.	

 꿀샘의 꿀팁!

글이나 문단에서 중심 생각을 찾으라고 하는 문제들은 상당히 많다. 중심 생각을 찾기 위해서는 글의 가장 핵심적인 단어를 먼저 찾아야 한다. 글에서 중요하게 반복되는 단어가 핵심어일 가능성이 있다. 핵심어를 찾은 후에는 그 핵심어에 대한 일반적인 진술을 찾아야 한다. 즉 지나치게 쉽게 설명했거나 예를 들어서 설명한 부분, 앞에서 한 말을 다시 상세하게 반복하는 내용들은 중심 생각이 아닐 가능성이 높다. 중심 생각은 한 문단에 하나만 있다. 달걀에 노른자가 있듯이 문단에는 중심 생각이나 중심 문장이 있기 마련이다. 그걸 찾기 위해서는 글의 처음 부분이나 글의 마지막 부분을 좀 더 집중해서 읽을 필요가 있다. 그 부분에 없다면 필요 없는 부분들을 지워 가면서 문장을 새롭게 조합하는 방법도 있다.

【수행평가 문제】

1. 아래 설명하는 글을 읽고 이 글의 중심 생각을 정리해서 적어 보세요.

〈사춘기〉

사춘기라 함은 신체가 성장함에 따라 성적 기능이 활발해지고 2차 성징이 나타나며 생식 기능이 완성되기 시작하는 시기를 말한다. 사춘기의 변화는 호르몬의 분비가 왕성해지는 초등학교 고학년부터 시작된다. 성호르몬의 분비가 활발해지면서 여성과 남성의 외형적인 몸에 차이가 생기기 시작한다. 여자들은 가슴과 엉덩이가 커지고 월경을 시작한다. 남자들은 어깨가 벌어지고 목소리가 굵어지며 몽정을 시작한다. 신체적 변화가 있는 것은 아니다. 사춘기라 하면 짜증이나 반항을 떠올릴 만큼 정신적 변화도 시작된다. 타인의 시선을 신경 쓰고 자기 중심으로 세상이 돌아간다고 생각한다. 아무 이유 없이 기분이 좋았다 나빴다 하는 것도 사춘기의 특징 중 하나이다. 가족보다 친구를 소중하게 생각하기 시작하고 부모에게서 정신적으로 독립하고자 한다. 조그만 일에도 괜히 짜증이 나거나 외롭다는 생각을 하게 되는 것도 사춘기의 특징이다. 중2병이라고 부를 만큼 사춘기는 커다란 변화를 겪는 시기이다. 몸도 마음도 그만큼 급격하게 성장하기 때문에 병이라고 불리는 것이다. 사춘기의 변화를 통해 성인으로서 독립된 삶을 살아갈 수 있는 중요한 시기인 만큼 사춘기에 대해 제대로 알고 준비하는 것이 필요하다.

〈이 글의 중심 생각은 ……〉

3) 특정 장소에 가는 방법 작성하기 (경기초)

단원	평가 내용	영역	평가 방법	평가 기준			
				매우 잘함	잘함	보통	노력 요함
8. How Can I Get to the Museum?	특정 장소에 가는 방법에 관한 문장 완성하기	쓰기	서답형	특정 장소에 가는 방법에 관한 문장을 철자법과 문장부호를 바르게 사용하여 쓸 수 있다.	특정 장소에 가는 방법에 관한 문장을 철자법과 문장부호의 대부분을 바르게 사용하여 쓸 수 있다.	특정 장소에 가는 방법에 관한 문장의 일부를 주어진 낱말을 이용하여 쓸 수 있다.	특정 장소에 가는 방법에 관한 문장을 주어진 낱말을 이용하여 쓰는 데 어려움을 보인다.

 꿀샘의 꿀팁!

　　영어 수행평가의 핵심은 일단 단어의 철자를 틀리면 감점이 된다는 사실이다. 물론 국어 수행평가도 마찬가지다. 철자가 틀렸을 때 좋은 점수를 받을 확률이 낮아지는 것은 분명하다. 그렇지만 외국어로서의 영어는 철자에 더욱 엄격하다. 어려운 단어를 사용하는 것보다 더 중요한 것은 정확하게 쓰는 것이다. 영어로 쓸 경우 언어기 때문에 문법에 맞춰 쓰는 것도 중요하다. 더욱 중요한 것은 우리 집에서 학교 가는 길을 소개하는 데 목적이 있다. 랜드마크를 사용하여 소개함으로써 선생님의 머릿속에 길이 그려질 수 있도록 지도나 랜드마크를 상세하게 그려 주는 게 좋다. 이 수행평가에서 좋은 점수를 받으려면 그림도 꼼꼼하게 그려야 한다. 랜드마크도 실제와 비슷하게 잘 그려 준다. 사소한 것처럼 보일지라도 그림을 열심히 그렸다고 생각할 수 있도록 되도록이면 많이 그려 주는 것이 좋다.

【수행평가 문제】

1. 아래 주제에 맞게 글을 써 보세요.

   <주제>
   우리 집에서 학교 가는 길 안내

   지도 그리고 랜드마크 표현하기

2. 우리 집에서 학교 가는 길을 소개하는 글을 랜드마크를 중심으로 써보세요.

4) 원주와 원의 넓이 구하기 (매원초)

교과	영역	단원	성취 기준	성취 목표	평가 방법
수학	측정	5. 원의 넓이	원주와 원의 넓이를 구하는 방법을 이해하고, 이를 구할 수 있다.	원주와 원의 넓이를 구하는 방법을 이해하고, 이를 구할 수 있다.	지필 평가

 꿀샘의 꿀팁!

　수학 문제에 대한 답을 작성할 때 무엇보다 중요한 것은 과정이다. 수학은 수식으로 설명을 대신한다. 과정을 생략하지 말고 과정을 하나하나 제대로 적어 주는 것이 좋다. 중학교 수학은 손으로 푼다는 말이 있다. 과정을 빼놓지 않고 정확하게 써 가는 연습이 몸에 배어야 중학교 수학을 마스터할 수 있다. 위 문제에서 원주 구하는 방법과 원의 넓이를 구할 때 과정이 생략되지 않도록 주의하여 작성한다. 원주 구하는 방법을 기호로 나타내면서 필요할 경우 설명을 덧붙여 가면서 단계를 차근차근 설명하는 방법을 추천한다. 그림을 덧붙인다면 더욱 높은 점수를 받을 수 있다.

【수행평가 문제】

> 〈주제〉
> 원주와 원의 넓이 구하는 방법을 적어 보세요

1. 원주 구하는 방법

2. 원의 넓이 구하는 방법

5) 비례식과 비례배분 (삼육초)

영역	단원	평가 요소	평가 기준	평점
규칙성	4. 비례식과 비례배분	비의 성질을 알고 실생활에 접목하고, 비례배분을 통해 문제 해결하기	비의 성질을 알고 실생활에 구체적으로 접목할 수 있으며, 비례배분을 통해 문제를 잘 해결할 수 있다.	매우 잘함
			비의 성질을 알고 실생활에 접목할 수 있으며, 비례배분을 통해 문제를 해결할 수 있다.	잘함
			비의 성질을 알지 못하여 실생활에 접목하지 못하며, 비례배분을 통해 문제를 해결하는 데 어려움이 있다.	보통

5) 비례식과 비례배분 (경기초)

단원	평가 내용	영역	평가 방법	평가 기준			
				매우 잘함	잘함	보통	노력 요함
4. 비례식과 비례배분	비례배분의 뜻을 알고, 주어진 양을 비례 배분하기	규칙성	서술형	비례배분의 개념을 잘 알고 있으며 주어진 양을 정확하게 비례배분할 수 있다.	비례배분의 뜻을 알고, 주어진 양의 대부분을 비례배분할 수 있다.	비례배분의 뜻을 알지만, 주어진 양의 일부만 비례배분할 수 있다.	비례배분의 개념을 알지 못하며 주어진 양을 비례배분하는 데 어려움이 있다.

 꿀샘의 꿀팁!

개념을 설명하는 문제인 경우 그 개념을 정확하게 알고 있어야 한다. 개념을 정확하게 설명하면 일단 점수의 반은 얻은 것과 같다. 활용에 관련된 예시를 들 때는 일상생활 속에서 가장 많이 사용하는 비례배분을 설명하면 좋다. 어려운 예시보다는 쉽지만 가장 적합한 예시를 들어 주면 된다. 가족들이나 친구들과 비례배분의 문제에 접했을 때를 떠올려 활용의 예시를 적어주면 좋은 점수를 받을 수 있다.

【수행평가 문제】

<주제>
비례배분의 뜻과 비례배분 활용하여 일상생활 문제를 해결해 보세요.

1. 비례배분의 개념

2. 비례배분 활용의 예

6) 세계 여러 나라의 위치와 영역 (삼육초)

평가 영역	교과 목표	수행평가 단원	수행평가 요소	평가 방법
지리	지구본 및 세계 지도를 활용하여 세계 여러 나라의 위치와 영역을 설명할 수 있다	1. 세계 여러 나라의 자연과 문화	지구본 및 세계 지도를 활용하여 세계 여러 나라의 위치와 영역을 설명하기	관찰평가 지필평가

꿀샘의 꿀팁!

　대양에 대한 이해도가 있어야 풀 수 있는 문제다. 하나의 문제에서 여러 가지를 요구할 경우 문제가 요구하는 요소가 몇 개인지 먼저 분석해야 한다. 일단 대양별 1개국을 선정해야 한다. 선정한 나라의 위치와 영역을 서술한다. 수행평가에서 좋은 점수를 받으려면, 문제에서 요구하는 게 몇 가지인지 나누어 생각하는 것이 무엇보다 중요하다. 이런 문제를 풀 때 대양별로 1개국을 선정하지 못한 경우 점수가 깎인다. 위치를 서술하지 못했을 경우 점수가 깎이며, 영역을 서술하지 못했을 경우도 그렇다. 또한, 단답형으로 위치와 영역을 적어 놨을 경우 문제에서 분명히 서술하라고 했으므로 서술어를 쓰지 않을 경우 감점이 된다. 문제의 요구 사항을 섬세하게 분석하여 점수가 모든 영역에서 채워질 수 있도록 제대로 적어야 한다.

【수행평가 문제】

<주제>
세계 지도를 보고 대양별 1개국을 선정하여 위치와 영역을 서술하시오.

대양	나라명	위치	영역

7) 연소의 조건 찾기 (원명초)

영역	단원	성취 기준	평가 내용	채점 기준		방법
물질의 변화	3. 연소와 소화	물질이 탈 때 나타나는 공통적인 현상을 관찰하고, 연소의 조건을 찾을 수 있다. 연소의 조건과 관련지어 소화 방법을 제안하고 화재 안전 대책에 대해 토의할 수 있다.	물질이 탈 때 나타나는 현상을 실험을 통해 관찰하여 연소의 조건을 찾아보고, 이와 관련지어 소화 방법을 제안하고 토의하기	잘함	물질이 탈 때 나타나는 공통적인 현상을 관찰하고 실험 관찰에 결과를 올바르게 정리하여 연소의 조건을 설명할 수 있으며, 일상생활에서 화재 발생 시 소화 방법을 연소와 관련지어 제시할 수 있다.	포트폴리오 지필
				보통	물질이 탈 때 나타나는 공통적인 현상을 관찰하고 실험 관찰에 결과를 정리하여 연소의 조건을 말할 수 있으며, 일상생활에서 화재 발생 시 소화를 위한 방법을 제시할 수 있다.	
				노력 요함	물질이 탈 때 나타나는 공통적인 현상을 관찰하여 말할 수 있으며, 일상생활에서 화재 발생 시 소화를 위한 방법을 알고 있다.	

꿀샘의 꿀팁!

교과서에서 배운 연소의 조건을 먼저 기록하여야 한다. 그 조건 중에서 한 가지라도 빠진다면 연소가 되지 않을 확률이 높기 때문이다. 첫 번째 문제를 맞추고 정확히 기록하였을 경우 두 번째 문제까지 연결하여 풀 수 있는 문제이다. 연소의 조건이 갖추어졌을 때 연소가 일어나고 그 조건을 없애면 그다음 문제를 풀 수 있는 답이 되는 경우이다. 이런 문제를 풀 때 첫 번째를 틀린 경우 두 번째 문제도 완벽하게 만점을 받을 수 없다. 그러므로 연계된 문제인 경우 교과서에서 배운 지식을 정확히 인지하고 그걸 답지에 활용해야 한다.

【수행평가 문제】

연소의 조건을 서술하고 이를 활용해 화재 발생 시 소화할 수 있는 방법을 제안해 보세요.

1. 연소의 조건

2. 화재 발생 시 소화하는 법

8) 대양의 위치와 범위 (잠실초)

영역	단원	교육과정 성취 기준	평가 요소	평가 방법
지리 인식	1. 세계 여러 나라의 자연과 문화	여러 시각 및 공간 자료를 활용하여 세계 주요 대륙과 대양의 위치 및 범위, 대륙별 주요 나라의 위치와 영토의 특징을 탐색한다.	• 세계 지도, 지구본, 디지털 영상 지도의 장단점과 활용법을 알고 이를 활용하여 주제를 정해 주제에 알맞게 세계 여러 나라를 설명하기	서술평가 관찰평가

꿀샘의 꿀팁!

　세계 지도를 정확하게 그릴 수 있는 능력이 무엇보다 중요하다. 수행평가를 떠나 세계 시민이라는 말이 익숙할 정도로 세계는 한 공간처럼 움직인다. 그러므로 지리적 감각을 익히고 위치와 범위를 아는 것은 무척이나 중요하다. 이런 문제일수록 문제를 끊어 읽음으로써 문제에서 요구하는 것을 놓치지 않도록 해야 한다. 간략한 세계 지도 그러나 그 간략한 지도 안에 포함되어야 할 것이 세계 주요 대륙의 이해와 대양의 위치 및 범위이다. 이런 문제는 상당히 어려운 문제이다. 그렇기 때문에 시간을 한정해서 주고 오픈 북 테스트로 진행할 확률이 높다. 정해진 시간 안에 텍스트에서 정확하고 필요한 정보만을 뽑아내는 수행 과제인 것이다.

　대륙별로 주요 나라의 위치와 영토의 특징도 지도 안에 표시를 해야 하기 때문에 1번 문항의 간략한 세계 지도는 함정일 확률이 높다. 2번 문항에 답할 정도로의 세계지도를 그리고, 그 안에 문제에서 필요로 하는 정보들을 다 담아 주어야 한다. 한정된 시간, 그 안에 많은 정보를 기록하는 수행평가는 학생들을 초집중시키는 효과가 있다. 물론 학생 입장에서는 많이 힘들고 영혼까지 탈탈 털리는 기분일 것이다. 이런 유형의 수행평가를 제대로 평가받기 위해서는 수업 시간에 배운 내용들을 복습하고, 선생님이 강조한 내용들에 설명을 달아 두는 습관이 무엇보다 필요하다. 그래야 평가자의 의도에 맞는 대륙별 주요 나라를 적어 넣을 수 있게 된다.

【수행평가 문제】

1. 세계 지도를 간략하게 그리고 세계 주요 대륙과 대양의 위치와 범위를 표시하시오.

세계 지도

2. 대륙별 주요 나라의 위치와 영토의 특징을 표시하시오.

대륙의 특징

9) 태양의 변화 (경기초)

단원	평가 내용	영역	평가 방법	평가 기준			
				매우 잘함	잘함	보통	노력 요함
2. 계절의 변화	하루 동안 태양의 고도, 그림자 길이, 기온을 측정하여 이들 사이의 관계 찾기	지구와 우주	탐구 보고서, 자기평가	하루 동안 태양의 고도, 그림자 길이, 기온을 정확하게 측정하여 이들 사이의 관계를 바르게 설명할 수 있다.	하루 동안 태양의 고도, 그림자 길이, 기온을 바르게 측정하여 각각의 변화를 설명할 수 있다.	하루 동안 태양의 고도, 그림자 길이, 기온을 측정할 수 있다.	하루 동안 그림자 길이나 기온의 변화 중 일부를 측정할 수 있다.

꿀샘의 꿀팁!

과학 수행평가 문제는 실험에 기초를 두고 있다. 실험을 한 이후에 실험한 내용들을 표로 정리하거나 보고서로 작성하는 수행평가를 많이 실시한다. 그 실험이 진행되고 있을 때 다른 생각을 하거나 집중하지 않으면 수행평가에서 요구하는 내용을 놓치는 경우가 많다. 실험에서 중요한 것은 데이터와 숫자이다. 정확하게 작성하도록 한다.

보고서는 혼자 쓰는 경우도 있고, 모둠으로 쓰기도 한다. 모둠으로 쓰는 경우에는 모둠원의 역할이 무엇이었는지 상세히 기록하여 무임승차를 하는 학생을 없애려고 하는 시도들이 많다. 그래서 같은 모둠원들이 보고서를 같이 써 냈다고 할지라도 모둠원의 역할의 크기에 따라 점수를 세분화 한다. 그러므로 모둠원이 함께 할 때에도 중요한 역할을 맡아서 성실히 그 역할을 수행해 내는 것도 수행평가를 잘 받기 위한 방법의 하나이다. 혼자서 보고서나 실험일지 또는 결과를 써 내야 하는 경우도 있다. 그럴 경우 같은 모둠의 다른 친구들과 데이터가 다르거나 혼자 이상한 내용을 썼을 경우 높은 평가를 받을 수 없다. 실험에 집중하고 작은 내용이나 결과들까지도 메모해 두었다가 결과를 작성하는 것이 좋다.

과학 수행평가에서는 결론을 도출한 이후에 새롭게 생겨난 질문들을 달아 두는 센스도 필요하다. 결론이 이렇다고 쓴 이후에 그 실험 중에 궁금했던 내용이나 이 실험을 통해 생겨난 또 다른 궁금증을 적어 두는 것이다. 이것이 수행평가 출제자인 교사의 호기심을 유발하거나 긍정적인 피드백을 받게 되어 더 높은 평가를 받을 수 있는 계기가 된다.

【수행평가 문제】

1. 하루 동안 태양의 고도, 그림자 길이, 기온 사이의 관계를 설명해 보세요.

시간	태양의 고도	그림자 길이	기온
아침			
점심			
저녁			

하루 동안 태양의 고도, 그림자 길이, 기온 사이의 관계는

10) 전지와 전구 연결 (매원초)

교과	영역	단원	성취 기준	성취 목표	평가 방법
과학	운동과 에너지	1. 전기의 이용	전지와 전구, 전선을 연결하여 전구에 불이 켜지는 조건을 찾아 설명할 수 있다.	전지, 전구, 전선을 연결하여 전구에 불을 켜고, 전구에 불이 켜지는 조건을 설명할 수 있다.	지필평가 서술평가

일상생활에서 가장 많이 실험하게 되는 전지와 전구, 전선 실험이다. 전구에 불이 켜지는 조건을 전지와 전구의 측면에서, 전구의 측면에서 설명하는 방법을 택한다. 보통은 조건에 대한 설명을 마치고 끝내는데 이 조건에서 빠트린 내용이 없어야 한다. 조건이 하나가 빠질 경우 평가자는 '옳다구나' 하고 점수를 깎을 수밖에 없다. 수행평가를 하고 있는 평가자는 평가의 원칙에 의해 평가를 한다. 그 기준에 의해 점수를 깎는 구조로 평가가 된다. 점수를 감점할 이유가 없이 완벽하다면 좋은 평가를 받을 수가 있다. 그러나 모든 평가자가 모든 기준을 똑같이 적용할 수 없는 게 현실이다. 객관식 시험은 가능하지만 수행평가는 그렇지 않다. 과정 평가이면서 결과 평가이기도 하기 때문이다. 하나를 모르던 친구가 하나를 알게 되었을 때 그 친구에게 좋은 평가를 줄 수 있는 것 또한 수행평가의 특징이다. 그러므로 평가자인 교사의 주의를 끌 수 있는 어떤 장치들을 넣어 두면 더욱 좋다. 이런 유형의 수행평가의 경우 조건에 대한 설명을 마치고 간략하게 그림으로 설명을 덧붙이면 더욱 좋다.

【수행평가 문제】

1. 전지와 전구, 전선 연결에 따른 전구의 불이 켜지는 조건을 설명하시오.

3. 교과서 학습 내용에 대한 수행평가 예제

1) 경험한 일 글쓰기 (대광중)

항목	1. 다양한 방법과 소재로 글쓰기	실시 시기	3월
수행 단원명	1. 표현의 즐거움	영역 비율	20
☑ 교과 핵심 역량	☐ 비판·창의적 사고 역량 ☐ 자료·정보 활용 역량 ☐ 의사소통 역량 ☐ 공동체·대인 관계 역량 ☑ 문화 향유 역량 ☑ 자기 성찰·계발 역량		
☑ 평가 모형	☑ 관찰 평가 ☐ 면담 구술 평가 ☐ 포트폴리오 평가 ☐ 조별 동료 평가 ☐ 보고서 평가 ☑ 서·논술형 평가 ☐ 자기 체크리스트 ☐ 기타( )		
성취 기준	자신의 삶과 경험을 바탕으로 하여 독자에게 감동이나 즐거움을 주는 글을 쓴다.		

평가 기준		
평가 기준	상	비유법을 이해하여 그것을 바탕으로 자신을 표현할 줄 알고 자신의 삶과 경험을 바탕으로 하여 글을 읽는 사람들에게 감동과 즐거움을 줄 수 있는 글을 쓸 수 있다. 자신의 경험을 떠올리고 그중 다른 이들에게 감동을 줄 만한 것을 골라낼 수 있고 이를 글로 완성도 있게 풀어낼 수 있다. 자신을 표현하는 방법 중 은유와 직유를 정확하게 이해하여 표현할 수 있다.
	중	자신을 표현하기 위해 비유법을 사용할 수 있고 그중 은유와 직유를 적절히 사용한다. 자신의 삶과 경험을 바탕으로 독자에게 즐거움을 줄 수 있는 글을 쓸 수 있으며 이를 위해 자신의 경험을 떠올리고 그중 글의 소재가 될 수 있는 것들을 몇 가지 골라낼 수 있다.
	하	은유와 직유를 구분할 수 있고 이를 자기를 표현하는 글쓰기에 적절히 활용할 수 있다. 자신이 겪었던 일이나 체험한 것 중 글쓰기의 소재가 될 만한 것을 한두 개 골라낼 수 있고, 이를 바탕으로 독자에게 즐거움을 줄 수 있는 글을 쓸 수 있다.

꿀샘의 꿀팁!

누구나 감동을 주고 공감할 수 있는 글을 쓰고 싶은 욕심이 있을 것이다. 막상 글을 쓰다 보면 공감은커녕 자신이 경험한 일을 군더더기 없는 쓰는 것조차 쉽지 않다. 감동을 주는 글쓰기를 위해서는 일단 소재가 좋아야 한다. 일상에서 누구나 느낄 수 있는 감정으로는 공감은 되지만 큰 울림을 주기는 어렵다. 일단 소재 선택이 중요하다. 자신만의 정체성을 드러낼 수 있는 소재 선정. 조금은 특별하면서도 다른 경험을 선택하는 것이 좋다. 그러기 위해서는 사건을 조금 색다른 눈으로 볼 수 있어야 한다. 남들이 보는 똑같은 사물에서도 다른 점을 찾아내는 능력 말이다. 이런 능력은 일상을 다르게 해보기를 통해 경험할 수 있다. 일상의 경험을 전혀 생각해 보지 못한 감정과 연결시키는 것이다. 감동이라는 것이 슬프거나 힘든 상황에서는 나올 거라는 편견을 깨보는 것이다. 평소에 이런 훈련을 자주 하는 것이 좋다. 이러한 경험에 도움이 되는 것이 시 감상이다. '내 마음은 호수'라는 표현은 낯설고 이질적이면서도 호기심을 갖게 한다. 내 마음이 왜 호수일까 독자가 궁금증을 갖게 하는 순간, 작품의 감동에 한발 더 쉽게 다가갈 수 있다. 관심이 있어야 그 속을 들여다볼 수 있기 때문이다. 시를 자주 읽자. 시의 감각을 익혀 두는 것이 자신의 평범한 경험 가운데서 새로운 것을 찾아내는 능력을 기르는데 도움이 될 것이다.

【수행평가 문제】

1. 자신의 삶 중에서 가장 자신을 잘 드러낼 수 있는 경험을 선택해서 적어보세요.

언제	어디서	누구와	어떤 일

2. 그 경험이 왜 의미가 있고 자신의 어떤 점을 나타낼 수 있다고 생각했나요.

의미 있는 이유	자신의 어떤 점을 부각시켰나요

3. 자신을 소개하는 글을 비유법을 적절히 사용하여 써 보세요.

2) 정비례와 반비례 활용 (대왕중)

평가 영역	평가 요소	배점	영역 평가 기준
정비례, 반비례 식과 그래프 만들기	정비례와 반비례 활용 정비례에 적절한 상황 제시 반비례에 적절한 상황 제시 정비례 식 만들기 반비례 식 만들기 정비례 그래프 그리기 반비례 그래프 그리기	A	6조건을 모두 만족
		B	5조건을 모두 만족
		C	4조건을 모두 만족
		D	2조건을 모두 만족
		E	조건을 만족하지 않으며 불성실하게 작성

꿀샘의 꿀팁!

수학 수행평가는 단계별로 제시되는 경우가 많다. 한 단계에서 틀릴 경우 과정마다 풀이가 달라져 감점 될 확률이 높다. 그러나 생각해 보라. 무언가를 아무리 못한다고 할 지라도 아예 못하는 경우는 없지 않은가? 그렇기 때문에 수행평가는 0점이 없다. 물론 0점을 줄 수는 있다. 어떤 한 영역에서 수행평가를 거부한다면 그 영역에서는 0점을 받을 수도 있다. 그렇지만 수행평가는 한 영역에서만 평가를 하는 것이 아니다. 적어도 3가지 이상의 영역에서 평가한다. 모든 영역에서 0점을 받아야 수행평가가 0점이 되는데 이런 경우는 거의 없다. 시험은 0점이 있을 수 있지만 수행평가는 0점이 없다. 수행평가는 기본 점수를 준다. 수행을 제대로 못하고 불성실하게 작성하고 답도 틀렸다고 할지라도 기본 점수를 받을 수 있다. 가끔 학교에서 수행평가에 불성실하게 응하는 학생들도 있다. 그런 경우 이름이라도 써서 내고 답을 다 틀렸다고 해도 기본 점수를 받게 된다. 기본 점수보다 조금 더 높게 받은 학생들이 자신들은 불성실하지도 않고 나름대로 쓰긴 했는데 점수 차가 적게 나는 경우에 대해 항의하는 일도 발생한다. 바로 수행평가의 기본 점수 제도 때문이다.

이 문항의 식과 그래프를 그리는 것은 기본적인 문제이다. 여기에서는 점수 차가 많이 발생하지 않는다. 단답형과 같이 맞으면 맞고, 틀리면 틀리지만 기본 점수에 플러스해서 부분 점수가 주어진다. 이 문항에서는 일상생활에서 그 상황을 제대로 찾아주는 것이 좋은 평가를 위한 플러스 요인이 된다.

【수행평가 문제】

1. 다음 조건에 맞는 정비례와 반비례 식을 만들어 보세요.

* 일상생활에서 정비례가 가능한 상황

* 일상생활에서 반비례가 가능한 상황

* 일상생활에서 정비례 식 만들기

* 일상생활에서 반비례 식 만들기

* 정비례 그래프 그리기

* 반비례 그래프 그리기

3) 생물 분류 보고서 (단대부중)

평가 영역	평가 요소	평가 방법	성취 기준	평가 기준 및 성취 수준	
3. 생물의 다양성	생물 분류	보고서 평가 관찰 평가	생물 종의 개념과 분류 체계를 이해하고 생물을 계 수준에서 분류할 수 있다.	평가 기준	생물 종의 개념과 분류 체계를 이해하고 생물을 계 수준에서 분류할 수 있는가?
				상	생물 분류 체계를 이해하고 분류 기준을 세워 주변의 생물을 계 수준에서 분류할 수 있다.
				중	생물 분류 체계를 이해하고 분류 계급의 단위를 나열할 수 있다.
				하	생물 종의 개념을 말할 수 있다.

꿀샘의 꿀팁!

수행평가의 단골 출제 문제 형식이다. 일단 개념을 제대로 설명해야 한다. 개념에 대한 이해도를 묻는 문제에 정확하게 답변해야 한다. 개념 이해가 완료되면 대부분의 수행평가 문제가 분류를 묻는다. 분류형의 수행평가는 암기를 위주로 진행된다. 대부분의 교실에서 수행평가는 암기 여부에 이해도와 그것을 이미 자기 지식화하였는지를 묻는 문제들이 많이 출제된다. 어쩌면 이런 문제들은 미래 사회를 주도할 학생들에게 "암기가 대세냐?"고 묻게 한다. 하지만 현실의 교실에서 암기가 얼마나 중요한지는 물어볼 필요가 없다. 언제 검색하고 생각하고 답변할 것인가? 시간적인 여유가 주어지지 않는 현실의 삶과, 교실에서 문제를 좀 더 신속하게 이해하고 답변하는 능력은 변함없이 중요한 문제이다. 그러므로 이런 기본 개념을 묻고, 그 개념을 분류하는 문제들은 대부분의 교과나 과목에서는 출제 빈도가 높으니 배운 지식을 암기한다 생각하고 외우자. 억울해 하지 말고 자신의 지식으로 내면화한다 생각하자. 이해를 넘어서는 암기는 꼭 필요하므로 열심히 개념들은 암기하자.

【수행평가 문제】

〈주제〉

1. 생물 종의 개념을 서술하세요.

2. 생물 종의 분류 체계를 계 수준에서 나열하시오.

4) 청소년기 발달 특징 탐구 보고서 (목일중)

가) 교육과정 성취 기준과 평가 기준

교육과정 성취 기준		평가 기준
자아 존중감을 향상시키고 긍정적인 자아 정체감을 형성하기 위하여 청소년기의 발달 특징과 자신의 발달 특징을 연결 지어 이해한다.	상	청소년기의 발달 특징과 자신의 발달 특징을 연결 지어 이해하고, 자아 존중감을 향상시키고 긍정적인 자아 정체감을 형성할 수 있는 방안을 제시할 수 있다.
	중	청소년기의 발달 특징과 자신의 발달 특징을 연결 지어 자아 존중감과 긍정적인 자아 정체감의 중요성을 설명할 수 있다.
	하	청소년기의 발달 특징과 자신의 발달 특징을 설명할 수 있다.

나) 평가 내용 및 채점 기준

평가 항목	평가 내용	평가 단계	채점 기준(평가 기준)
자신의 발달 특징 설명하기	청소년기 발달 특징과 자신의 발달 특징을 연관 지어 설명할 수 있는가?	A	청소년기 발달 특징을 정확하게 설명하였으며 자신의 발달 특징과 모두 올바르게 연관 지은 경우
		B	청소년기 발달 특징을 정확하게 설명하였으나 자신의 발달 특징과 연관 지은 것이 다소 정확하지 않은 경우
		C	청소년기 발달 특징을 정확하게 설명하였으나 자신의 발달 특징과 연관 짓지 않은 경우
		D	청소년기 발달 특징에 대한 이해가 부족하며 자신의 발달 특징을 설명하지 못한 경우
		E	탐구 과정에 참여했으나, 과정에 대한 이해가 전혀 없고 보고서를 제출하지 않은 경우

꿀샘의 꿀팁!

　청소년기의 발달 특징을 배운 후에 진행되는 수행평가이다. 청소년기에 대한 이해와 그 특징을 자신의 발달 특징과 비교하여 글을 쓴다. 이러한 유형의 수행평가도 상당히 많다. 자신을 소개하는 글쓰기 영역에서 이러한 평가들이 다수 이루어지고 있다. 자신을 소개하라고 하면 글들이 천편일률적으로 똑같이 시작된다. 어디에 살고 있으며 가족은 몇 명이고, 아빠 엄마는 무슨 일을 하시고 등을 쓴다. 제대로 된 갈등 경험은 하나도 서술하지 않은 채 자기소개를 마치는 경우가 많다. 그걸 방지하기 위해 각 과목에서는 자기소개 수행평가를 과목에서 배운 내용들을 바탕으로 작성하라고 하는 경우가 많다. 국어 수행평가에서 자기소개를 직유법과 은유법, 관용 표현을 몇 개 이상 사용하여 하라고 하는 것과 같은 방식이다. 배운 내용을 일상생활, 즉 자기 자신에게 적용하는 문제다. 솔직하게 쓰는 것도 중요하지만 이 평가의 핵심은 솔직한 게 아니다. 내가 현재 청소년기의 특징의 어느 단계에 있는지를 정확하게 알고 나의 발달과 청소년기의 발달을 비교하는 글을 쓰는 게 관건이다. 나의 이야기를 아무리 솔직하게 많이 써도 비교가 들어가 있지 않다면 좋은 점수를 받을 수 없다.

특징을 쓰고 비교를 통해 자신의 발달 단계를 서술하는 게 핵심이다.

【수행평가 문제】

1. 청소년기의 발달 특징과 나의 발달에 대한 글을 써 보세요.

〈청소년기 발달 특징 〉

2. 청소년기 발달 특징과 나의 발달을 비교하는 글을 써 보세요.

5) 재판 용어 사전 만들기 (대왕중)

평가 영역	평가 단원	평가 방법		
재판 용어 사전 만들기	재판의 의미와 공정한 재판을 위한 제도	☐ 논술 ■ 프로젝트 ☐ 자기 평가·동료 평가	☐ 구술 ☐ 실험·실습	☐ 토론·토의 ■ 포트폴리오 ☐ 기타( )

꿀샘의 꿀팁!

　재판 용어에 대한 이해와 수용을 위한 수행평가이다. 이런 수행평가는 혼자 하기가 어렵다. 동료들과 함께 프로젝트형으로 진행한다. 혼자서 찾은 재판 용어보다 여럿이서 함께 찾은 재판 용어가 훨씬 더 많다. 재판 용어는 한자어가 대부분이다. 어렵기 때문에 서로 이야기를 해 나가며 용어의 뜻을 이해하는 절차가 필요하다. 이런 절차를 마치고 나면 함께했던 모둠원들과 헤어져서 나만의 사전을 만드는 시간을 갖는다. 모둠원 전체의 이해도도 중요하지만, 그 프로젝트 수업을 통해 개인의 성장이 얼마나 이루어졌는지 평가하기 위한 방법이다. 이 수행평가지는 개인별로 차이를 갖게 된다. 얼마나 열심히 듣고 기록하고 그 내용을 본인의 것으로 만들었는지 숫자로 평가된다. 당연히 많으면 많을수록 좋으나 시간의 제약이 있다. 또한, 마지막 문항으로 재판 용어를 배우고 뜻을 찾아보면서 공정한 재판이란 어떤 것인지 생각하는 문항이 출제되어 있다. 재판 용어에 대한 이해만을 묻는 문항이 중요한 게 아니다. 재판 용어를 이해하면서 재판이 어떤 것이어야 하는지에 대한 개인의 생각을 묻는 문항에 대한 답변도 생각해야 한다. 그 때문에 평소 용어를 배우기 전과 이후의 개인의 생각 차이를 중심으로 서술하면 좋은 점수를 받을 수 있다.

【수행평가 문제】

1. 재판 용어 사전을 만들어 보고 공정한 재판에 대한 자신의 의견을 쓰시오.

나만의 재판 용어 사전 이름 〈　　　　　　　　　　　　　　　　　〉	
용어	뜻

공정한 재판에 대한 나의 생각은

6) 민주주의 이념 타이포그래피 (대왕중)

평가 영역	평가 단원	평가 방법
민주주의 이념 타이포그래피	민주 정치의 발전	논술/구술/토론토의/프로젝트/실험·실습/포트폴리오/자기 평가·동료 평가

 꿀샘의 꿀팁!

　사회 과목의 핵심이 되고 있는 민주주의 이념에 대한 이해도와 기본 원리에 대해 묻는 문항으로 수행평가가 구성되었다. 민주주의 이념을 실현하기 위한 민주정치의 기본 원리를 하나하나 정확하게 나열한다. 이후 그 의미를 설명해 주는 방식을 취하는 게 높은 점수를 받는 방법이다. 글쓰기와 그리기, 글쓰기와 음악, 글쓰기와 미디어 등을 엮어 함께 평가하는 방식을 취하는 경우가 많다. 글쓰기 능력과 더불어 다른 예체능적인 능력도 함께 성장시켜야 한다. 특히나 음악이나 체육보다는 미술이 가장 적합하고 표현하기에 유리한 영역이다. 이번 수행평가도 마찬가지다. 타이포그래피를 그려야 할 경우 당연히 깔끔하고, 창의적인 그림이 높은 점수를 받는다. 아예 그림 실력이 없거나 잘 그리지 못한다 하더라도 가득 채워넣어야 한다. 그림 솜씨가 훌륭하진 못하더라도 열심히 그린 그림은 감점될 확률이 그만큼 줄어들기 때문에 열심히 그렸다 싶을 정도로 여러 가지 타이포그래피를 연결시켜 주면 좋겠다. 잘 그리지도 못하는데 졸라맨 같은 타이포그래피가 하나만 떡하니 있다면 곤란하다. 여러 측면에서 민주주의 이념을 설명할 수 있는 여러 개의 타이포그래피를 연결하면 좋겠다.

【수행평가 문제】

〈주제〉

1. 민주주의 이념을 실현하기 위해 필요한 민주 정치의 기본 원리에 대해 정리해 보세요.

2. 민주주의 이념을 표현할 수 있는 나만의 타이포그래피 작품을 완성해 보세요.
   (타이포그래피: 글자를 중심으로 화면을 구성한 모든 그래픽 디자인)

7) 좌표평면 디자인 (목일중)

영역	세부 사항	
	점수	평가 기준
좌표 디자인	A	좌표평면 위에 좌표를 다양하고도 정확하게 표현하고 연결하여 디자인을 창의적으로 매우 잘 완성함.
	B	좌표평면 위에 좌표를 다양하고도 정확하게 표현하고 연결하여 디자인을 창의적으로 잘 완성함.
	C	좌표평면 위에 좌표를 다양하고도 정확하게 표현하고 연결하여 디자인을 창의적으로 완성함.
	D	좌표평면 위에 좌표를 다양하고 정확하게 표현하고 연결하여 디자인을 만드는 데 적극적으로 참여함.
	E	좌표평면 위에 좌표를 다양하고 정확하게 표현하고 연결하여 디자인을 만드는 데 참여함.

영역		세부 사항	
		점수	평가 기준
수업참여도	1, 2, 3단원	A	수업 준비가 철저하고 수업 중 필기가 완벽하며 수업 시간에 주어진 과제를 완성하는 능력이 매우 높은 경우
		B	수업 준비가 잘 되어 있고 수업 중 필기를 잘하며, 수업시간에 주어진 과제를 완성하는 능력이 높은 경우
		C	수업 준비가 되어 있고 수업 중 필기를 하며, 수업 시간에 주어진 과제를 적극적으로 완성하는 경우
		D	수업 준비가 미흡하고 수업 중 필기를 하며, 수업 시간에 주어진 과제를 해결하려고 적극적으로 참여한 경우
		E	수업 준비가 미흡하고 수업 중 필기가 부족하며, 수업 시간에 주어진 과제를 해결하려고 참여한 경우

꿀샘의 꿀팁!

수학 문제인 것처럼 보이지만 수학과 사회를 연계한 수행평가이다. 물론 이미 알고 있는 친구들은 머릿속에 좌표가 그려지겠지만, 사회 과목의 세계 지도에 대한 이해가 부족하면 문제를 풀 수 없는 경우가 많다. 세계 지도를 그릴 수 있어야 한다. 적도를 표현한다. 적도에서 우리나라를 좌표로 표현할 수 있어야 한다. 또한, 그걸 바탕으로 각 좌표평면에 나라 하나씩을 찾아야 하고 좌표를 완성해야 한다. 수학에서 배운 내용을 현실 생활인 세계 지도에 적용하는 문제다. 학생들이 수학이 숫자의 놀이만이 아닌 실생활에 도움이 되는 과목이며 현실에 다양한 분야에서 좌표가 적용된다는 사실을 알 수 있도록 설계된 문항이다. 요즘의 수행평가에서 높은 점수를 받기 위해서는 하나의 과목만 잘 알고 잘 하는 걸로 부족하다. 더불어 한 과목에서 배운 것들을 다른 과목에 적용할 수 있는 능력도 평가된다는 사실을 염두에 두어야 한다.

【수행평가 문제】

〈주제〉

1. 세계 시도에 우리나라를 석도 기준으로 좌표로 표현하세요.

우리나라 좌표 디자인

2. 우리나라 이외에 각 좌표평면에 해당하는 나라 하나씩을 선정해서 좌표 디자인을 완성하세요.

다른 나라 이름 (   )좌표 디자인

어떻게 수업 시간에 집중할 수 있을까요?

첫째, 선생님의 말씀을 하나도 놓치지 않는다는 생각으로 집중합니다. 선생님이 가끔 교과 내용과 상관없이 샛길로 새서 다른 이야기를 할 수도 있어요. 그때 다른 교과서를 펴서 보거나 숙제를 하는 것은 좋지 않은 방법이에요. 수업의 흐름을 놓칠 수 있기 때문이지요. 그것이 나중에 시험에서 교과의 내용이 생각나지 않을 때 수업과 연상지어서 생각할 수 있는 실마리가 될 수 있어요.

둘째, 아무 생각 없이 수업을 듣기보다는 수업을 재해석한다는 생각으로 적극적으로 수업에 참여합니다. 질문하면서 교과서를 읽는 과정을 통해서 스스로 생각하는 힘을 기른다는 적극적인 자세가 필요해요. 선생님의 수업을 일방적으로 듣는다는 생각은 위험합니다. 수업 과정 안에서 수업 내용에 대한 질문을 던지며 수업에 임해야 합니다. 그것이 수업의 과정을 자기 것으로 만드는 가장 빠르고 쉬운 방법이에요.

셋째, 수업에 들어가기 전에 수업의 갈래를 살피고 수업에 임합니다. 수업에는 갈래라는 것이 존재합니다. 단원 도입부터 시작해서 교과서의 갈래와 내용을 파악하면서 흐름을 익힐 수 있어요. 수업 안에서 지금 어떤 과정이 진행되고 있는지 큰 흐름을 파악하며 수업에 임합니다. 수업에 적극적이고 능동적으로 빠져들 수 있어요. 수업을 잘 듣는다 하면 선생님의 말을 하나도 놓치지 않는다는 생각이 먼저 들 것입니다. 하지만 정작 중요한 것은 선생님의 말을 듣고 비판적이고 주체적으로 생각하는 자세예요. '저 말이 진짜 맞을까? 저 내용이 진실일까?' 생각하면서 수업에 참여하는 것이 수업에서 하나라도 더 자기 주도적으로 학습하는 방법입니다.

모둠학습에서 친구들과 갈등이 있을 때 어떻게 해결해야 할까요?

　모둠 수업을 하다 보면 각양각색의 부류가 존재해요. 열심히 끝까지 최선을 다해서 프로젝트를 끌고 가는 친구가 있어요. 얌체처럼 최소한의 참여는 하되 절대적인 자기 시간은 양보하지 않기도 해요. 때로는 아무것도 안 한 채 무임승차하는 친구들도 존재해요. 열심히 하는 친구 입장에서 보면 억울하기 짝이 없어요. 자기만 시간 투자하고 노력 투자해서 모둠을 이끌고 가자니 화가 날 수밖에 없답니다. 도대체 능력도 없고 의지도 없는 친구와 모둠을 함께 만들어 가자니 답답한 노릇일 것입니다. 이런 친구들이 선생님에게 따져 묻는 경우도 많습니다. 모둠원들끼리 적절한 양의 과제를 나눠 갖는데 어려움이 존재하기 때문입니다. 이런 모둠 간의 갈등 어떻게 대처하는 것이 좋을까요?

　우선 알아야 할 것은 모둠 수업에서 완벽을 추구하는 마음을 내려놓으라는 것입니다. 모둠원이 모두 협심해서 좋은 결과를 만들어 낸다면 더할 나위 없이 좋아요. 하지만 그건 애초에 불가능해요. 생김새만큼이나 활동하는 방식도 모두 다르기 때문이지요. 완벽보다는 최선을 선택한다는 자세로 임하세요. 할 수 있는 한에서 최고의 성과물을 만들어 낸다는 생각으로 모둠 활동에 임하는 것이 좋아요.

　다양한 부류의 친구들과 협업을 해 보는 것이 미래에 도움이 됨을 알아야 합니다. 사회생활을 하게 되더라도 이런 모둠 활동과 크게 다르지 않아요. 이기적이고 자기 일도 제대로 처리하지 못하는 팀원과 같은 팀이 될 수 있어요. 혹은 팀장이 되어 그 팀원이 성과를 낼 수 있도록 이끌어야 할지도 모릅니다. 지금부터 인생의 그 과정들을 연습하고 길들이는 것이라고 생각하면 좋겠어요. 다양한 부류의 사람들과 협업을 통해 서로의 장점과

단점을 받아들이고 조율해 가는 연습을 해야 해요. 자신의 장단점을 부각하고 성장시킬 수 있는 기회라고 생각하면 좋겠어요. 갈등 상황이 생기면 배울 수 있는 기회라고 생각합시다. 나와 다른 생각과 가치관을 가진 사람과의 갈등을 통해 내가 자라고 성장할 수 있는 기회랍니다. 그것이 갈등을 성장의 동력으로 만들어 갈 수 있는 최선의 방법입니다.

주장하는 글쓰기

03 CHAPTER

Chapter 3. 주장하는 글쓰기

1. 주장하는 글쓰기 수행평가

논설문은 주장하는 글이다. 자신이 주장하는 바를 근거를 들어 나타냄으로써 독자를 설득하는 글이다. 설득을 잘하기 위해서는 읽는 사람이 납득하고 동의할 수 있는 정확한 근거가 있어야 한다. 논설문에는 설득적 논설문과 논증적 논설문 두 가지가 있다. 설득적 논설문은 어떤 주제에 대한 자신의 주장을 펼치는 글이다. 독자로 하여금 주장하는 바를 따르도록 하는 것이 목적이다. 사설, 칼럼, 연설문이 해당된다. 논증적 논설문은 전문성이 있는 학술 문제에 대해 논리적으로 증명하고 주장한다. 독자의 이성에 호소하고 논문이나 평론이 이에 해당한다.

논설문은 서론, 본론, 결론으로 나뉜다. 서론에는 주장하는 바를 뒷받침할 수 있는 문제 상황이 등장한다. 본론에는 그 문제를 해결할 수 있는 제안이나 주장의 까닭이 등장한다. 마지막 결론에는 주장에 대해 다시 한번 정리하고 힘주어 강조하는 글이 나온다.

논술 문제는 크게 사회 이슈에 대한 찬반이나 사회 이슈를 진단하고 해결책을 제시하는 문제가 많이 출제된다. 이 중에서 자신이 어떤 의견을 내세울지 확실하게 정하고 글쓰기를 시작한다. 주장하는 글을 쓰고자 할 때 제일 먼저 할 일은 끝을 정하는 것이다. 내 주장의 끝을 어떻게 마감할지 생각하고 시작하는 것이 중요하다. 그래야 어떻게 주장할지 계획을 세울 수 있다. 글의 머리 부분에 전달할 핵심 사항을 어떻게 할지는 마지막 주장과 수미상관을 이룬다. 주장하는 글을 쓰고자 할 때 내가 주장하고 싶은 핵심 내용이 무엇인지 정확히 정하고 글을 쓰는 것이 좋다. 세상 사람이 모두 다 아는 이야기는 빼고 요지만 정확히 적는다.

근거를 들 때도 특출한 이야기로 눈길을 잡겠다는 욕심은 접어 두는 것이 좋다. 특출하고 빼어난 이야기를 쓸 수 있는 사람은 많지 않다. 상식적인 수준의 이야기도 괜찮다. 내가 갖고 있는 생각을 잘 정리해서 표현하겠다는 생각이 중요하다. 감정에 호소하는 것은 좋지 않다. 논술은 논리적인 글이다. 감정적인 어휘는 최대한 자제한다. 중립적으로 보이지만 감정을 담은 표현도 쓰지 않는 것이 좋다. '경악을 금치 못했다.', '답답한 노릇이다.', '황당한 일이다.'와 같은 표현이 이에 해당된다.

2. 초등학교 주장하는 글쓰기 수행평가 연습

1) 숲을 보호하는 방법 (홍익대사범대학부속초)

교과	영역	성취 기준	성취 수준		평가 방법	관련 단원
국어	쓰기	적절한 근거와 알맞은 표현을 사용하여 주장하는 글을 쓴다.	매우 잘함	주장하는 글의 특성을 정확하게 이해하고, 적절한 근거와 알맞은 표현을 사용하여 독자를 효과적으로 설득할 수 있도록 주장하는 글을 쓸 수 있다.	수행 평가	3. 타당한 근거로 글을 써요 7. 글 고쳐 쓰기
			잘함	주장하는 글의 특성을 이해하고, 적절한 근거와 알맞은 표현을 사용하여 주장하는 글을 쓸 수 있다.		
			보통	부분적으로 적절한 근거와 부분적으로 알맞은 표현을 사용하여 주장하는 글을 쓸 수 있다.		
			노력 바람	글의 일부분을 근거와 부분적으로 알맞은 표현을 사용하여 주장하는 글을 쓸 수 있다.		

> **꿀샘의 꿀팁!**

자신이 주장하고 싶은 내용이 무엇인지 확실하게 사전 조사를 실시하고 근거를 충분히 모아야 한다. 그후 글을 작성해야 힘 있는 주장이 있는 논리적인 글로 완성할 수 있다.

근거를 쓸 때는 일반적으로 상식적인 수준에서 동의할 수 있는 내용을 써야 한다. 나만 그렇게 생각하고 사회 전반적으로 동의하지 않은 글을 내 주장이라고 내세우다 보면 글의 객관성을 찾기가 어렵다. 예를 들어 내가 반려동물을 싫어한다는 이유로 '지구와 환경을 위해 반려동물이 피해가 된다고 생각한다'는 주장을 한다면 많은 반려인들이 반발할 것이다. 이렇듯 사회 구성원들이 어느 정도 동의하고 있는 근거를 활용해서 주장을 펼칠 수 있어야 한다.

독자들의 마음을 움직이고 설득시키기 위해서 어떤 방법을 사용할지 생각해 보고 글을 쓰자. 자연보호나 지구의 위기 같은 문제는 당장 시급하게 다가오지 않을 수 있기 때문에 독자를 설득하기도 어렵다. 지구와 환경의 문제가 먼 미래,

남의 문제가 아니라 내 생활 안에 가까이 존재하고 발생할 수 있는 문제라는 점을 강조하자. 예를 들어 설명한다면 독자를 설득하는 데 도움이 될 것이다.

주장하는 글을 쓸 때는 주장이 잘 드러나고 그에 알맞은 근거가 연결되어 글이 매끄럽게 읽히도록 써야 한다. 중구난방으로 주장을 썼다가 근거를 대고, 근거 먼저 대고 주장을 드러내지 않도록 해야 한다. 두괄식 구성(중요한 내용이 먼저 나오는)으로 글을 작성해야 자신의 주장이 잘 드러난다. 주장-근거, 주장-근거가 일목요연하게 드러날 수 있도록 글을 써보자.

【수행평가 문제】

1. 아래 주제로 주장하는 글을 써 보세요.

〈주제〉
숲을 보호하는 방법

* 숲이 보호받지 못하는 상황 알아보기

* 숲 보호의 방법에 대한 주장과 근거 작성하기

2) 동물 실험 찬반 주장 쓰기 (매원초)

영역	단원	성취 기준	성취 목표	평가 방법
쓰기	3. 타당한 근거로 글을 써요	적절한 근거와 알맞은 표현을 사용하여 주장하는 글을 쓴다.	적절한 근거와 알맞은 표현을 사용하여 주장하는 글을 쓸 수 있다.	서술평가

꿀샘의 꿀팁!

　동물 실험에 대한 글을 작성하기 전에 동물 실험이 어떻게 이뤄지고 있는지 알아보자. 필요성과 문제점은 무엇인지를 충분히 파악해야 한다. 찬반 중에서 어떤 입장에서 주장을 펼칠지 정하자. 충분히 자료를 파악하고 찬성과 반대 입장의 핵심 주장이 무엇인지를 살펴보자. 그래야 주장과 근거가 확실한 글을 쓸 수 있다.

　평가 기준을 살펴보면 적절한 근거와 알맞은 표현을 사용하여 글을 쓰라고 나와 있다. 적절한 근거는 일반 사람들이 생각하기에 눈살을 찌푸리지 않는 수준의 근거일 것이다. 동물은 인간에 비해 하찮은 존재이기에 얼마든지 동물 실험을 위해 희생되어도 좋다는 식의 근거를 댄다면 곤란하다. 대부분의 사람이 동의하기 어려울 것이다. 특히 동물을 키우는 사람들 입장에서는 절대 용납할 수 없는 근거이다. 이렇듯 근거를 작성할 때 피해를 보거나 논리가 안 맞는 집단이 존재하는지 살펴보고 근거로 활용해야 한다. 표현도 조심해야 한다. 동물 비하 발언이나 동물 실험을 하는 업체나 단체를 비하하는 표현은 되도록 피하는 것이 좋다. 강하게 표현하는 것이 좋은 주장이라고 생각해서 친구들이 강한 표현을 사용하는데 아니다. 강하게 주장을 펼치는 것이 좋은 주장이 아니라 논리적으로 비약이 없고 이치에 맞아야 설득력 있는 주장이 된다는 점을 잊지 말자.

【수행평가 문제】

1. 아래 주제로 주장하는 글을 써 보세요.

〈주제〉
동물 실험 찬반 주장

| 실천할 수 있는 주장을 쓸 것 | 근거가 주장을 잘 뒷받침하도록 쓸 것 | 자료가 내용을 뒷받침하는지 확인할 것 | 믿을 만한 자료인지 확인하고 활용할 것 |

* 동물 실험 찬성 입장 주장과 근거 알아보기

* 동물 실험 반대 입장 주장과 근거 알아보기

* 동물 실험 찬성과 반대 입장 중 선택하고 주장 및 근거 작성하기

3) 좋은 우리 동네 만들기 글쓰기 (경기초)

단원	평가 내용	영역	평가 방법	평가 기준			
				매우 잘함	잘함	보통	노력 요함
3. 타당한 근거로 글을 써요	타당한 근거와 알맞은 자료를 활용해서 논설문 쓰기	쓰기	서술형	주장하는 글의 특성을 정확하게 이해하고, 타당한 근거와 알맞은 자료 및 표현을 사용하여 독자를 효과적으로 설득할 수 있도록 주장하는 글을 쓸 수 있다.	주장하는 글의 특성을 이해하고, 적절한 근거와 알맞은 자료를 활용하여 주장하는 글을 쓸 수 있다.	주장하는 글의 특성을 생각하며 자신의 주장이 담긴 글을 쓸 수 있다.	주장하는 글의 특성을 생각하며 자신의 주장을 담아 간단한 글을 쓸 수 있다.

 꿀샘의 꿀팁!

　주장하는 글쓰기의 핵심은 그 주장이 논리적이냐 하는 것이다. 주장을 아무리 반복해서 한다고 해도 그 주장이 논리적이지 않다면 상대를 설득할 수가 없다. 주장하는 글의 목적은 상대방을 설득하는 데 목적이 있다. 상대방을 설득하려면 근거가 타당해야 한다. 주장이 설득력이 있다고 생각하게 하려면 근거를 적절하게 들어야 한다. 근거는 보통 3가지 정도 드는 게 좋다. 문제 상황에 대한 진단이 먼저 있어야 하는데, 글을 읽는 사람이 공감할 수 있는 문제여야 한다. 사소한 개인적인 문제이거나 다른 사람들은 불편한 점을 느끼지 못한 걸 문제 상황이라고 인식한다면 곤란하다. 설득력이 떨어진다. 문제에 대한 해결책을 찾는 가장 좋은 방법은 많은 자료를 모으는 것이다. 자료가 많을수록 또한 그 자료가 체계적으로 정리되어 있을수록 논리적이라고 느끼게 된다. 그 자료를 바탕으로 주장하는 글을 써 본다. 또한, 주장하는 글의 목적은 상대방에 대한 설득이다. 글을 읽는 사람이 생각이든 행동이든 어떻게 변화해야 하는지에 대해 명확하게 말해 주는 것이 좋다. 문제만 엄청나게 지적질하고, '그러니까 어떻게 하라고?'라는 질문만을 남기게 된다면 그건 좋은 점수를 받을 수 없다. 꼭 뭔가 실천하거나 생각이 변할 수 있는 눈에 보이는 것들을 주장하라.

【수행평가 문제】

1. 아래 주제로 주장하는 글을 써 보세요.

> 〈주제〉
> 더 좋은 우리 동네를 만들기 위한 방법을 아래 순서에 맞춰서 써 보세요.
>
> | |
> |---|
> | 우리 동네의 문제 상황이 있는지 생각해 보기 |
> | 문제 해결을 위해 내가 할 수 있는 일에 대한 자료 모으기 |
> | 문제 해결책에 맞는 주장과 근거 작성하기 |

4) 공정무역 제품 사용하기 (중대부초)

영역	단원명	(핵심) 성취 기준	평가 내용	평가 방법	배점
쓰기	3. 타당한 근거로 글을 써요	적절한 근거와 알맞은 표현을 사용하여 주장하는 글을 쓴다.	상황에 알맞은 자료를 활용해 논설문 쓰기	서술평가 상호평가	잘함(3), 보통(2), 노력 요함(1) 선택

 꿀샘의 꿀팁!

논설문 쓰기의 기본 과정을 제시한 수행평가이다. '무엇을 무엇하자', 또는 '무엇을 무엇해야 한다'라는 내용을 닮은 주장하는 글을 쓸 때는 가장 먼저 개념을 밝히는 작업부터 시작한다. 글에서 주장하려고 하는 것의 개념이 무엇인지 알아야 한다. 이 글에서는 먼저 공정무역의 개념이 무엇인지 정확하게 서술해야 한다. 개념을 정확하게 서술하고 나면 글쓴이가 주장하는 내용이 무엇이고, 그 이유가 무엇 때문인지도 쉽게 설명할 수 있다. 이유와 근거를 논리적으로 설명할 거리를 하나씩 찾아서 정리한다. 그 내용들을 자연스럽게 연결하여 논리적인 글인 논설문을 쓰면 되는 것이다. 논설문이라고 해서 무조건 딱딱하거나 논리적인 이유만 쓴다고 생각하면 오산이다. 이유가 논리적이라면 그 내용은 쉽고 이해하기 쉬운 예시를 바탕으로 하거나 일화를 넣어도 무방하다. 다만 그 글이 감정에 호소하는 것처럼 느껴지지 않도록 해야 한다. 감정적인 언어들을 덜 사용하는 기법을 쓰면 된다. 포장지가 너무 화려하면 속에 내용에 대한 기대치가 달라질 수 있다. 적당한 포장 기술을 사용하여 주장하는 글에 무게를 주자.

【수행평가 문제】

1. 아래 주제로 주장하는 글을 써 보세요.

> 〈주제〉
> 공정무역 제품을 사용하자.

* 공정무역의 의미와 제품의 특징 알아보기

* 공정무역 제품 사용이 필요한 이유

* 공정무역 제품을 사용해야 한다는 주장에 알맞은 근거 찾아보기

* 공정무역 제품을 사용하자는 논설문 쓰기

5) 더 좋은 우리 반 만들기 글쓰기 (충암초)

단원	영역	성취 기준	평가 요소	평가 방법
3. 타당한 근거로 글을 써요	쓰기	적절한 근거와 알맞은 표현을 사용하여 주장하는 글을 쓴다.	더 좋은 우리 학급을 만들기 위한 논설문 쓰기	지필

꿀샘의 꿀팁!

　학급에 대한 내용을 담은 논설문의 경우 학기 초에 많이 사용된다. 교실의 분위기를 파악하고 학생들이 생각하는 문제점을 개선하기 위해 많이 사용되는 수행평가이다. 이러한 유형의 수행평가를 연습하면 자녀의 교실 분위기를 파악하는 데도 도움이 된다. 학급의 문제점을 파악한다. 문제 해결을 위해 할 수 있는 일을 찾아보자. 그 주장의 내용과 근거를 모아보자. 그것을 통해 학급에 관심을 갖도록 유도할 수도 있다. 학급 문제를 찾는 과정에서 본인의 단점을 찾고 그 단점을 극복하기 위한 해결 방안을 찾아 자신에게 준다. 이런 식의 논설문 형식의 글을 써 보게 하는게 큰 도움이 된다. 자신을 객관화하여 바라보고, 자신의 장점과 단점을 이해하며 단점을 극복하기 위해 어떤 노력을 기울일 것인지 논리적으로 써 보도록 하자.

【수행평가 문제】

1. 아래 주제로 주장하는 글을 써 보세요.

> 〈주제〉
> 더 좋은 우리 학급을 만들기 위한 방법

* 우리 학급의 문제 파악하기

* 문제를 해결하기 위해 할 수 있는 일

* 문제 해결책 중 하나를 선택해서 주장할 내용을 정하고 근거 모으기

* 더 좋은 우리 학급을 만들기 위한 방법에 대한 논설문 쓰기

6) 반려동물 키우기에 관한 나의 주장 (잠실초)

영역	단원	교육과정 성취 기준	평가 요소	평가 방법
쓰기	3. 타당한 근거로 글을 써요	적절한 근거와 알맞은 표현을 사용하여 주장하는 글을 쓴다.	• 타당한 근거와 알맞은 자료를 활용해 논설문 쓰기	서술 평가

꿀샘의 꿀팁!

　학생들이 관심을 가질 만한 주제의 글은 논리적인 글의 정말 좋은 소재다. 논리적인 글을 자주 쓰는 데 가장 좋은 방법은 학생들이 흥미 있어 할 주제를 선정하는 것이다. 주제 선정에서부터 글을 쓰고 싶다는 강한 의지를 갖게 한다면 좋다. 논리적인 글을 쓸 수 있는 기본을 마련한 셈이다. 반려동물 키우기에 대한 좋은 점과 어려운 점을 생각해 본다. 자신의 주장을 정하고 근거를 들어 글을 써 보는 연습을 하자. 논리적인 글보다 가장 기초 단계이다. 논리적인 글쓰기는 주장하는 내용을 담고 있다. 그 내용에는 항상 찬성과 반대하는 사람이 있기 마련이다. 자신의 주장에 대한 찬성과 반대의 의견을 생각해 보자. 다른 입장의 논리를 고려해 보는 것 또한 중요하다. 반대편의 논리를 뒤집을 수 있는 논리를 펼칠 수 있어야 한다. 그래야 다음 단계로의 도약이 가능하다. 자신의 주장만을 글로 쓰지 않고 반박을 예측하자. 그 반박에 대한 또 다른 논리를 준비하는 태도야말로 주장하는 글쓰기의 핵심이며 꽃이라 할 수 있다.

【수행평가 문제】

1. 아래 주제로 주장하는 글을 써 보세요.

   〈주제〉
   반려동물 키우기

* 반려동물을 키우면서 생기는 좋은 점

* 반려동물을 키우면서 발생하는 어려운 점

* 반려동물 키우기에 대한 자신의 주장과 근거 작성하기

7) 초등학생 스마트폰 사용에 관한 나의 주장 글 (원명초)

영역	단원	성취 기준	평가 내용	채점 기준		방법
쓰기	3. 타당한 근거로 글을 써요	쓰기는 절차에 따라 의미를 구성하고 표현하는 과정임을 이해하고 글을 쓴다. 목적이나 주제에 따라 알맞은 내용과 매체를 선정하여 글을 쓴다. 목적이나 대상에 따라 알맞은 형식과 자료를 사용하여 설명하는 글을 쓴다. 적절한 근거와 알맞은 표현을 사용하여 주장하는 글을 쓴다.	타당한 근거와 알맞은 자료를 활용해 논설문 쓰기	잘함	주장에 따른 두세 가지 근거가 분명하고, 근거에 알맞은 자료도 모두 잘 활용해 논설문을 쓴다.	지필
				보통	주장과 타당한 근거가 나타나고, 한 가지 이상의 자료를 잘 활용해 논설문을 쓴다.	
				노력 요함	주장과 근거, 자료 가운데 하나가 미흡한 논설문을 쓴다.	

꿀샘의 꿀팁!

글을 쓰는 목적은 무엇인가? 자신의 생각이나 감정을 다른 사람들에게 전달하는 것이다. 공감을 끌어내거나 변화를 끌어내기 위한 목적도 가지고 있다. 그 목적에 가장 충실한 글이 바로 논설문이다. 주장하는 글을 여러 번 써 보고 논리적인 글쓰기를 자주 하는 사람들은 다른 사람을 설득하는 능력을 가질 수 있다. 주장하는 글로 다른 글쓰기보다 학교에서 자주 사용된다. 특히 스마트폰 문제는 가장 핫한 이슈이면서도 해결이 어려운 문제이다. 학교 내에서의 스마트폰 수거 문제, 개인의 재산에 대한 과도한 규제 이슈 등 여러 가지를 생각해 볼 수 있다. 특히 초등학생들의 스마트폰에 사용에 대한 장점과 단점을 여러 각도에서 생각해 보는 기회다. 자신의 입장을 정하고 논설문을 써 보는 것은 유익하다. 글을 쓰는 학생 입장에서 스마트폰 사용에 대한 입장을 정하는 적절한 계기가 될 수 있다. 다만 수행평가라고 할 때 평가자인 교사의 입장과 생각을 지나치게 고려치 않도록 한다. 즉 교사가 아무래도 스마트폰 사용에 대한 부정적인 인식을 가지고 있을 거라는 과도한 예측을 하는 것이다. 그로 인해 본인이 쓰고 싶은 내용을 제한한다거나 그 방향으로만 설정하는 오류를 범하지 않도록 해야 한다. 일상의 모든 일들이 그러하듯 평가자가 원하는 답이 정답이 되는 것은 아니다. 평가자가 원하지 않는 답이라고 하더라도 논리적인 글을 써서 평가자를 설득하여 좋은 점수를 받을 수 있어야 한다. 그런 글쓰기가 바로 주장하는 글쓰기의 모범 글이 되는 것이다. 또한, 평가자의 입장을 단정 짓는 오류를 범하지 않을 수 있다.

【수행평가 문제】

1. 아래 주제로 주장하는 글을 써 보세요.

<주제>
초등학생 스마트폰 사용

* 초등학생 스마트폰 사용의 장점

* 초등학생 스마트폰 사용 시 단점

* 초등학생 스마트폰 사용에 대한 자신의 주장과 근거 작성하기

3. 주장하는 글쓰기 수행평가 예제

1) 인공지능과 인간에 대한 글쓰기 (신반포중)

교육과정 성취 기준		평가 기준
주장하는 내용에 맞게 타당한 근거를 들어 글을 쓴다.	상	주장을 명확하게 제시하고, 주장하는 내용에 타당한 근거를 다양하게 들어 글을 쓸 수 있다.
	중	주장을 명확하게 제시하고, 주장하는 내용에 타당한 근거를 들어 글을 쓸 수 있다.
	하	주장을 제시하고, 주장하는 내용에 부분적으로 타당한 근거를 들어 글을 쓸 수 있다.

 꿀샘의 꿀팁!

　미래 사회의 이야기로만 치부되던 인공지능이 선뜻 우리 앞에 다가왔다. 인간 쇼호스트보다 인공지능 쇼호스트가 인기를 더 끌고 있다. 비용도 적게 들고 스트레스도 안 받으면서 일도 잘한다. 인공지능 쇼호스트 분야는 나날이 발전할 계획이다. 이는 쇼호스트만의 문제가 아니다. 인간 직업의 많은 부분이 인공지능으로 인해 로봇으로 대체된다고 한다. 아이들이 살아갈 세상은 인공지능이 보편화될 것이다. 미래를 맞이하기 전에 인공지능이 인간을 대체하는 부분에 대해서 생각할 필요가 있다. 인공지능의 활용에 대해 깊이 있게 생각하기 위해서는 인공지능에 대해 공부해야 한다. 장단점과 활용 방안에 대해서 아이들이 직접 찾아보고 정리해 보는 것이다. 수행평가 과제를 하다 보면 아이들도 느끼게 될 것이다. 자신의 미래 삶의 모습과 준비해야 될 것을 말이다. 이러한 수행평가 과제 해결을 통해 생각하고 준비할 수 있을 것이다.

【수행평가 문제】

1. 아래 주제로 주장하는 글을 써 보세요.

> 〈주제〉
> 인공지능 개발과 인간

* 인공지능과 인간의 장점과 단점에 대해 적어보기

	인공지능	인간
장점		
단점		

* 인공지능이 개발될 경우 인간의 입지의 변화에 대해 생각해 보기

* 인공지능의 개발에 따른 인간 삶의 변화에 대한 생각을 찬반의 입장 중 선택해서 기술해 보기

2) 우리 가족의 갈등 상황 및 해결 방법 (길음중)

평가 내용	평가 세부 기준				
	평가 요소	배점	A	B	C
갈등을 이해하고 해결 방안 마련하기	갈등을 담은 책 읽기		이야기의 흐름을 파악하며, 갈등을 삶으로 구체화할 수 있음.	이야기의 흐름을 파악하며 갈등을 이해할 수 있음.	책 읽기를 통해 이야기의 흐름을 파악할 수 있음.
	갈등에 대한 해결 방안 마련하기		상대방의 고민에 공감하며 현실적이고 구체적인 해결 방안을 마련할 수 있음.	상대방의 고민에 공감하고 해결 방안을 마련함.	상대방의 고민에 공감하고자 노력함.

 꿀샘의 꿀팁!

　우리 가족의 갈등 상황을 생각해 볼 수 있는 수행평가이다. 부모는 없다고 생각하고 아이들은 많다는 가족 갈등. 어디서부터 바로 잡을지 생각하기 위해서는 문제를 파헤쳐야 한다. 이 갈등 상황을 찾아내고 나누기 위해서 추천할 만한 활동이 저녁 산책이다. 계속 집이라는 공간 안에 머물면서 문제를 찾기는 쉽지 않다. 환기가 필요하다. 저녁 산책을 통해 아이들이 긴장이 풀린 상태에서 이야기할 시간이 있어야 한다. 그때 아이들이 불만 상황을 이야기할 때 부모가 자기 변론을 하지 않도록 주의해야 한다. 부모도 좀 느슨해질 필요가 있다. 아이들이 불만을 이야기할 때 '나의 의도는 아니었으나 너는 그렇게 느낄 수도 있었겠구나.' 인정하는 자세가 필요하다. 아이가 그 과정을 통해 갈등 해결 방안에 대해서도 생각할 수 있을 것이다. 희망이나 해결의 실마리도 볼 수도 있고 말이다. 아이의 쓴소리를 들어 보기 위해 마음을 열고 받아들여야한다. 이렇게 솔직하게 가족 문제에 다가가는 태도가 앞으로 더 큰 갈등 상황도 부드럽게 넘길 수 있도록 해 줄 것이다.

【수행평가 문제】

1. 아래 주제로 주장하는 글을 써 보세요.

> 〈주제〉
> 우리 가족의 갈등 상황 및 해결 방법

* 우리 가족의 갈등 상황을 정리해보기

* 갈등 상황의 원인과 해결 방법 적어보기

* 우리 가족의 갈등 상황 및 해결 방법에 대한 자신의 주장과 근거 작성하기

3) 생활 속 문제의 합리적 해결책 (숭문중)

단원명	평가 주제	핵심 성취 기준	평가 모형
4.(1) 토의하기	건의문 쓰기	합리적으로 문제를 해결할 수 있다.	생활 속 문제의 합리적인 해결책을 찾아 건의문 쓰기

 꿀샘의 꿀팁!

　학교에서 생활하면서 발생했던 문제점에 대한 해결책을 찾고 그 문제 상황을 해결할 수 있는 대상에게 건의문을 작성하는 수행평가다. 평소 학교생활을 알 수 있다는 장점이 있다. 또한, 건의문 양식에 대한 이해도를 측정하고 그 양식에 맞게 글을 논리적으로 쓸 수 있는지도 평가한다. 학교에서 불편한 점을 친구들과 함께 찾아보고, 그에 대한 해결책을 찾는다. 그 문제를 해결해 줄 수 있는 대상을 찾아 건의문을 작성해 본다. 이러한 종류의 수행평가는 건의문을 모아 대상에게 제출하고 그 타당성을 검토받는다. 건의문이 채택되었을 때 학생들이 굉장한 성취와 효능감을 느끼게 된다. 이런 수행평가 연습을 하기 위해서는 집안에서 일상생활 문제에 대한 해결책을 찾고 건의문을 써 보는 연습을 하면 좋다.

【수행평가 문제】

1. 학교에서 생활하면서 발생했던 불편한 점에 대해 적어 보세요.

   문제 상황

2. 문제 상황 해결을 위한 방법을 적어 보세요.

   해결 방법

3. 위 내용을 참고하여 문제 해결을 위한 대상을 정확하게 정하여 건의문을 작성해 보세요.

5) 주장하는 글 발표하기 (원촌중)

성취 기준	• 주장하는 내용에 맞게 타당한 근거를 들어 글을 쓴다. • 글에 사용된 다양한 논증 방법을 파악하며 읽을 수 있다. • 청중의 관심과 요구를 고려하여 말한다. • 여러 사람 앞에서 말할 때 부딪히는 어려움에 효과적으로 대처한다.			
영역		평가요소	채점기준	점수
주장하는 글 발표하기 (20점)	내용구성	구체적이고 체계적인 짜임을 갖추어 주어진 분량에 맞게 글을 작성하였는가? (3점)	서론-본론-결론의 구체적인 짜임을 갖추어 주어진 분량에 맞게 글을 작성함.	3
			서론-본론-결론의 구체적인 짜임이 미흡하지만 주어진 분량에 맞게 글을 작성함.	2
			서론-본론-결론의 구체적인 짜임이 미흡하고 주어진 분량에 맞게 글을 작성하지 못함.	1
			서론-본론-결론의 구체적인 짜임을 갖추지 못하고, 주어진 분량에 맞게 글을 전혀 작성하지 않음.	0
	내용	주장과 근거 주장을 명확하고 일관되게 제시하고, 그에 대해 타당한 근거를 제시하였는가? (6점) (단, 주장의 명확성 및 일관성이 부족할 경우 해당 기준에서 -1점)	논제에 대한 주장(찬성/반대)을 뒷받침하는 타당한 근거를 세 가지 제시함.	6
			쟁점에 대한 입장(찬성/반대)을 뒷받침하는 근거를 세 가지 제시하였으나 그중 하나의 타당성이 부족함.	5
			쟁점에 대한 입장(찬성/반대)을 뒷받침하는 근거를 세 가지 제시하였으나 그중 두 가지의 타당성이 부족함. 또는 타당한 근거를 두 가지만 제시함.	4
			쟁점에 대한 입장(찬성/반대)을 뒷받침하는 근거를 두 가지만 제시하였으나 그중 한 가지의 타당성이 부족함.	3
			쟁점에 대한 입장(찬성/반대)을 뒷받침하는 근거를 한 가지만 제시하였을 경우, 혹은 두 가지를 제시하였으나 둘 다 타당성이 부족함.	2
			쟁점에 대한 입장(찬성/반대)을 뒷받침하는 근거를 한 가지만 제시하였으나 그 타당성이 부족함.	1
			쟁점에 대한 입장(찬성/반대)을 뒷받침하는 근거를 제시하지 않음.	0
		논증 방법 주장 및 근거와 관련한 논증 방법을 선정하여 글에 활용하였는가? (2점)	주장과 근거와 관련하여 적절한 논증 방법을 선정하여 글에 활용함.	2
			주장과 근거와 관련하여 적절한 논증 방법 선정하거나 글에 활용하는 데 부족함.	1
			주장과 근거와 관련하여 적절한 논증 방법을 선정하여 글에 활용하지 않음.	0
	표현	보조자료 객관적이고 신뢰성 있는 자료를 출처를 밝혀 인용하였는가? (2점)	객관적이고 신뢰성 있는 자료를 출처를 밝혀 인용함.	2
			자료를 인용하였지만 객관성·신뢰성이 부족하였거나 출처를 밝히지 않고 인용함.	1
			객관적이고 신뢰성 있는 자료를 출처를 밝혀 인용하지 않음.	0

말하기	청중의 관심과 요구를 고려하여 효과적인 성량·속도·시선을 활용하여 주어진 시간을 지켜 자신감 있게 발표하였는가? (5점)	청중의 관심과 요구를 고려하여 효과적인 성량·속도·시선으로 주어진 시간 안에 자신감 있게 발표함.	5
		청중의 관심과 요구를 고려하여 주어진 시간 안에 자신감 있게 발표하였으나 성량·속도·시선 중 두 가지 측면에서 능숙함. 또는 효과적인 성량·속도·시선으로 주어진 시간 안에 자신감 있게 발표하였으나 주어진 시간 안에 발표하지 못함.	4
		청중의 관심과 요구를 고려하여 주어진 시간 안에 발표하였으나 성량·속도·시선 중 한 가지 측면에서 능숙함. 또는 성량·속도·시선 중 두 가지 측면에서 능숙하나 주어진 시간 안에 발표하지 못함.	3
		청중의 관심과 요구를 고려하여 주어진 시간 안에 발표하였으나 효과적인 성량·속도·시선으로 발표하는 것에 미흡함.	2
		청중의 관심과 요구를 고려하여 발표하였으나 효과적인 성량·속도·시선으로 발표하는 것에 미흡하고 주어진 시간 안에 발표하지 못함.	1
		청중의 관심과 요구를 고려하여 효과적인 성량·속도·시선으로 발표하지 않음.	0
듣기 및 태도	활동에 적극적으로 참여하였고, 타인의 발표를 경청하며 듣기 활동에 참여하였는가? (2점)	활동 전반에 적극적으로 참여하였고, 다른 사람의 발표를 경청하며 듣기평가지를 모두 작성함.	2
		활동 전반에 적극적으로 참여하였고, 다른 사람의 발표를 경청하며 듣기평가지를 일부 작성함.	1
		활동 전반에 참여하였으나, 다른 사람의 발표를 경청하며 듣기평가지를 완성하지 못함.	0

※ 단, 작성할 내용을 미리 정리하여 관련 자료를 들고 와 그대로 옮겨 적는 것이 발견되거나 인용 등의 부분을 제외하고 글의 20% 이상이 다른 글과 유사할 경우 전체 점수에서 10점 감점함.

주장하는 글쓰기의 마지막 활동은 주장하는 글 발표하기다. 보통 학교에서는 주장하는 글을 쓰고 그걸 제출하는 경우도 있다. 그러나 교사가 그 모든 학생의 수행평가를 읽고 점수화하는 것은 어렵다. 글을 쓰고 발표하는 활동까지 이어서 진행하는 경우가 많다. 글 내용에 대한 평가와 동시에 말하기 평가도 함께할 수 있다. 학교 현장에서 자주 사용되는 수행평가 방식이다. 주장하는 발표를 들으면서 주장이 논리적인지, 근거가 타당한지 본다. 논증 방법이 적당한지, 보조 자료를 잘 사용하고 있는지 한꺼번에 평가할 수 있다. 대부분의 학교에서는 주장하는 글을 쓰고 발표하는 활동으로 수행평가를 많이 진행한다. 말하기 자세와 태도, 자신감 있게 표현하는지도 평가의 대상이 된다. 말하기 평가에 해당하기 때문에 글의 내용에 대해 부분 점수가 주어진다. 말하기 점수도 상당히 높게 반영된다. 또한, 더불어 듣기 점수도 함께 반영된다. 주장하는 글을 발표할 때에 다른 친구들이 발표하는 것을 듣는 태도 점수를 평가한다. 그 친구가 어떤 주장을 하는지, 논거는 무엇인지, 어떤 보조 자료를 쓰는지를 기록하도록 하는 평가지를 준다. 학생들의 듣기 태도와 자세를 평가하는 경우이다. 학생들뿐만 아니라 대부분의 사람들이 자신이 하는 말을 다른 사람이 들어주기를 원한다. 하지만 다른 사람이 무슨 말을 하는지 잘 듣지 않으려 한다. 다른 사람이 한 말을 듣고 기록하고 정리하는 자세 또한 중요한 평가의 요소가 된다. 듣기에서 높은 점수를 받기 위해서는 남의 말을 요약해서 기록하는 능력이 필요하다.

【수행평가 문제】

1. 안락사에 대한 찬성과 반대의 입장을 정해 주장하는 글을 써 보세요.
   (주장의 근거는 세가지 이상 제시할 것)

**주장하는 글쓰기를 위해 자료는 어디서, 어떻게 모아야 할까요?
자료를 모으면서 주의할 점은 무엇인가요?**

주장하는 글쓰기를 위한 자료는 다른 글쓰기 자료와 마찬가지로 책이나 신문, 인터넷 등을 통해서 모을 수 있어요. 물론 그 분야에 전문가를 인터뷰하는 것은 좋은 자료를 확실하게 모을 수 있는 가장 좋은 방법이지요. 인맥을 동원하여 그 분야에 대해 잘 알고 있는 친구의 이야기를 들어 보는 것도 괜찮아요. 어른들에게 상의해도 좋아요. 물론 본인이 하나도 자료를 모으지 않고, 공부하지도 않고 전문가를 만나는 것은 자제하는 게 좋겠죠. 먼저 공부를 하고 의문점에 대해 질문을 하는 방식으로 접근하는 게 좋아요. 대화의 질을 향상하는 방법이겠죠. 자료를 모으면서 주의할 점은 그 자료의 출처를 잘 밝히는 것이에요. 그 자료의 저작권에 위배되지 않도록 사용해야겠죠.

**주장하는 글을 쓰면서 한쪽의 주장에만 치우치는 경우
문제점을 해결하기 위해 필요한 태도는 어떤 것이 있을까요?**

주장하는 글은 일단 하나의 입장을 취하죠. 반대되는 입장이나 다른 의견이 충분히 있을 수 있다는 가정을 해야 해요. 그래서 다른 입장은 어떤 주장을 할 것인지, 어떤 근거를 가지고 올 것인지를 잘 예측해야 해요. 그 반대편의 주장에 대해 반박할 수 있는 자료들도 충분히 모아야 해요.

전쟁에서 나를 알고 상대를 알면 백 번을 싸워도 백 번을 이긴다는 말이 있어요. 나의 주장만 강하게 하고, 상대방의 주장에 대한 예측을 못 하거나 하지 않았을 경우에는 곤란해요. 나의 주장이 신빙성과 신뢰도를 잃게 되죠. 상대방의 주장에 대한 충분한 고려와 예측, 만반의 준비가 가장 중요하죠. 가장 중요한 태도는 상대방을 무시하지 않고 인정하는 거예요. 나의 주장을 받아들일 수 있도록 설득하려는 공손한 자세라고 할 수 있겠죠.

설명하는 글쓰기

Chapter 4. 설명하는 글쓰기

1. 설명하는 글쓰기 수행평가

설명하는 글은 읽는 사람이 잘 알지 못했던 것을 잘 알 수 있도록 이해하기 쉽게 쓰는 글이다. 자신이 알리고자 하는 내용을 순서에 맞게 설명하고 중요한 부분은 자세히 풀어쓴다. 소개문이나 안내문, 기사문이 해당된다.

설명문은 대상을 소개하는 처음, 단락을 몇 개로 나누어 주제에 맞게 설명하는 가운데, 가운데에서 설명한 내용을 간략하게 재정의하는 끝부분으로 구성된다. 무엇을 어떤 순서에 맞게 설명할지, 강조할 점은 무엇인지를 따져서 써야 한다. 그러기 위해서는 서적이나 자료, 전문가 인터뷰나 경험담 등 다양한 자료를 모으는 것이 중요하다. 책이나 영화에서 글감을 가져와서 글의 흥미를 높일 수 있다. 비교하거나 예를 들어 쓰거나 시각 자료로 설명하는 과정을 통해 설명문의 질을 높일 수 있다. 설명의 사례는 과거 사례나 신문, 해외 사례에서 가져오면 좋다.

전체적으로 몇 문단으로 할 건지, 문단마다 어떤 의미를 부여할지를 정해 두는 것이 좋다. 가장 핵심적인 글감은 어느 부분에 두어야 가장 돋보일지 고심해서 결정한다. 의미는 같되 표현을 다르게 쓰는 방법을 활용한다. 같은 서술어라도 다르게 바꿔가며 표현하면 글이 더 풍부해진다. 질문을 하고 나서 번호를 붙여가며 설명하면 글의 체계를 잡는 데 도움이 된다.

2. 초등학교 설명하는 글쓰기 수행평가 연습

1) 세계 여러 나라의 위치와 영역 (삼육초)

평가 영역	교과 목표	수행평가 단원	수행평가 요소	평가 방법
지리	지구본 및 세계 지도를 활용하여 세계 여러 나라의 위치와 영역을 설명할 수 있다	1. 세계 여러 나라의 자연과 문화	지구본 및 세계지도를 활용하여 세계 여러 나라의 위치와 영역을 설명하기	관찰평가 지필평가

영역	단원	평가 요소	평가 기준	평점
지리	1. 세계 여러 나라의 자연과 문화	지구본 및 세계 지도를 활용하여 세계 여러 나라의 위치와 영역을 설명하기	여러 시각 및 공간 자료를 활용하여 세계 주요 대륙과 대양의 위치 및 범위, 대륙별 주요 나라의 위치와 영토의 특징을 설명할 수 있다.	매우 잘함
			여러 시각 및 공간 자료를 활용하여 세계 주요 대륙과 대양의 위치 및 범위를 파악하고, 대륙별 주요 나라의 위치와 영토의 특징을 나열할 수 있다.	잘함
			여러 시각 및 공간 자료를 활용하여 세계 주요 대륙과 대양의 위치 및 범위를 파악하지 못한다.	보통

꿀샘의 꿀팁!

집집마다 세계 지도와 지구본 하나씩은 초등학교에 입학하기 전부터 가지고 있는 경우가 많다. 글로벌한 시대 이전에도 지구본은 책상 위에 먼지가 쌓인 채로 놓여 있었다. 아이의 책상에 혹은 벽에 세계 지도를 걸어 놓고 원대한 꿈을 갖기를 바란다. 그러나 지도를 아무리 붙여 놓으면 뭐하나? 지구본엔 먼지만 잔뜩 쌓인다. 무엇이든 활용하여 아이가 그에 대해 흥미를 가질 수 있도록 유발해야 한다. 세계 지도를 가지고 놀 수 있는 여러 가지 장치를 마련해 주어야 한다. 세계 여행을 하는 부루마블도 있고, 세계 지도를 맞출 수 있는 퍼즐들도 시중에 많이 판매되고 있다. 이러한 도구들을 사용하여 세계 지도에 대한 기본 지식과 전반적인 대양과 대륙의 위치, 주요 나라의 영토와 위치들을 익히는 시간을 가지면 좋다. 그렇게 하면서 세계 지도가 익숙해지면 백지도를 주고 대양의 위치와 대륙의 위치 등의 이름을 스스로 써서 맞춰 보는 시간을 가진다. 그러다 보면 일상생활에서 활용할 수 있는 것으로 흥미를 불러일으키자. 위와 같은 유형의 수행평가에서 쉽게 높은 점수를 받을 수 있다.

【수행평가 문제】

1. 지구본 및 세계 지도를 활용하여 세계 여러 나라의 위치와 영역을 설명하세요.
(시각 및 공간 자료 활용하여 세계 주요 대륙과 대양의 위치 및 범위 표시하기)

2. 대륙별 주요 나라의 위치와 영토의 특징을 설명하세요.

2) 세계 여러 나라 지리 인식 (잠실초)

영역	단원	교육과정 성취 기준	평가 요소	평가 방법
지리 인식	1. 세계 여러 나라의 자연과 문화	여러 시각 및 공간 자료를 활용하여 세계 주요 대륙과 대양의 위치 및 범위, 대륙별 주요 나라의 위치와 영토의 특징을 탐색한다.	세계 지도, 지구본, 디지털 영상 지도의 장단점과 활용법을 알고 이를 활용하여 주제를 정해 주제에 알맞게 세계 여러 나라를 설명하기	서술 평가 관찰 평가

 꿀샘의 꿀팁!

　세계 지도, 지구본, 디지털 영상 지도의 장단점과 활용법 알기 과제다. 주제에 어울리는 세계 여러 나라를 설명하기 수행평가를 제대로 하기 위해서는 일단 세계 지도와 지구본, 디지털 영상 지도를 접하는 환경을 만들어 주어야 한다. 세계 지도는 평면이고, 지구본은 입체다. 세계 지도에서 쉽게 찾을 수 있는 나라도 지구본에서는 찾기 어렵다. 정확한 위치를 알지 못하면 지구본을 여러 각도나 방향으로 돌리면서 찾아봐야 한다. 그렇기 때문에 세 가지 종류의 장점과 단점 활용법을 직접 사용해 보면서 찾으면 기억에 또렷하게 남을 수 있다. 그러한 지식의 습득 과정이 끝나면 이번에는 흥미로운 주제를 정한다. 학생 스스로 주제를 정하고 그 주제에 어울리는 나라들을 연결하여 설명할 수 있도록 해 보자. 어떤 주제를 정하는 게 좋을지 고민하는 순간부터 이미 세계 여러 나라에 대한 관심이 생길 수 있는 계기가 될 것이다.

【수행평가 문제】

1. 세계 여러 나라의 자연과 문화를 조사해 보세요.

* 세계 지도, 지구본, 디지털 영상 지도의 장단점

	장점	단점
세계지도		
지구본		
디지털 영상 지도		

* 세계 지도, 지구본, 디지털 영상 지도의 활용법

	활용법
세계 지도	
지구본	
디지털 영상 지도	

* 주제를 하나 정해서 주제에 어울리는 세계 여러 나라를 설명하기

3-1) 다양한 문화 소개하기 (충암초)

단원	영역	성취 기준	평가 요소	평가 유형
1. 세계 여러 나라의 자연과 문화	지리	의식주 생활에 특색이 있는 나라나 지역의 사례를 조사하고, 이를 바탕으로 하여 인간 생활에 영향을 미치는 여러 자연적·인문적 요인을 탐구한다.	다양한 문화를 대하는 올바른 태도를 바탕으로 세계의 여러 문화를 소개하기	관찰평가 동료평가

3-2) 다양한 세계 문화 소개하기 (중대부초)

영역	단원명	(핵심) 성취 기준	평가 내용	평가 방법	배점
지리	1. 세계 여러 나라의 자연과 문화	의식주 생활에 특색이 있는 나라나 지역의 사례를 조사하고, 이를 바탕으로 하여 인간 생활에 영향을 미치는 여러 자연적·인문적 요인을 탐구한다.	다양한 문화를 대하는 올바른 태도를 바탕으로 세계의 여러 문화를 소개하기	관찰 평가 동료 평가	잘함(3), 보통(2), 노력 요함(1) 선택

> **꿀샘의 꿀팁!**
>
> 인간이 살아가고 있는 자연적·인문적 요인에 따라 지역의 의식주가 달라진다. 어떤 지역에서 문화가 형성되었다면 그 지역의 자연적 요소와 그 문화가 형성될 수밖에 없었던 인문적 요소가 있었을 것이다. 의식주의 특색을 찾아보면서 서로 다른 문화에 대한 이해의 폭을 넓히게 하는 수행평가이다. 이런 수행평가를 어렵게 생각하지 않고 도전해 보려는 생각을 갖게 하려면 어떻게 해야 할까? 뭔가 독특하고, 생각해 보지 않은 내용을 주제로 선정하거나 익숙한 이야기로 접근해 보는 것도 좋다. 요즘 학교에는 다문화 학생들이 많이 존재한다. 그 친구들의 이야기로 시작해도 어려움 없이 진행할 수 있다. 어떤 지역의 집 모양인지 맞추는 게임을 하면서 접근해도 좋다. 전혀 생각해 보지 않은 집 모양을 보았을 때 과연 그런 집을 지을 수밖에 없는 자연적 환경이 어떤 환경인지 생각해 보게 한다. 실제로 그 지역의 이야기를 다루고 있는 프로그램을 같이 시청해 보는 것도 좋다.

【수행평가 문제】

1. 의식주 생활에 특색이 있는 나라나 지역의 사례를 조사하세요.

나라 혹은 지역명	의식주 특색

2. 의식주 특색에 영향을 미치는 자연적·인문적 요인을 찾아보세요.

특색	자연적 요인	인문적 요인

4) 화재 안전 대책 (충암초)

단원	영역	성취 기준	평가 요소	평가 방법
3. 연소와 소화	물질	연소의 조건과 관련지어 소화 방법을 제안하고 화재 안전 대책에 대해 토의할 수 있다.	공기의 양에 따른 초가 타는 시간을 비교하고 물질이 연소할 때 산소가 필요하다는 것을 설명하기	관찰 지필평가

꿀샘의 꿀팁!

집에서 쉽게 할 수 있는 실험 방법이다. 초를 가지고 실험하게 되면 아이들은 일단 긴장한다. 불이 위험하기도 하거니와 불을 보면 어른이든 아이든 약간의 흥분된 상태가 된다. 때론 기분이 좋아지는 느낌이 든다. 위와 같은 실험을 할 때 주의해야 할 것은 절대로 어른이 없는 곳에서 하지 않도록 주의를 주는 것이다. 실험을 하고 싶을 때는 항상 어른이 있는 곳에서 한다는 약속을 받고 진행하면 된다.

연소에 필요한 것들 중에서 가장 중요한 산소의 변화를 알아보자. 실제로 화재가 났을 때 어떤 방법을 취하는 게 좋을지 안전한 대피까지 연계하여 실험을 진행하자. 아이들이 위급 상황이 발생했을 때 당황하지 않고 대처할 수 있는 능력이 필요하다. 이런 전제하에 위의 실험과 연계하여 재난 시 행동 요령에 대해서도 함께 이야기해 보면 좋다. 공기의 양을 다르게 하기 위한 방법도 아이들과 함께 상의해서 결정하자. '어떻게 해야 공기의 양을 줄일 수 있을까? 상온에 그냥 놓아두면 공기의 양은 줄어들지 않을 텐데?'라는 질문으로 시작해서 공기의 양을 줄이는 방법도 아이들이 생각해 낼 수 있도록 이끌어 주자.

【수행평가 문제】

1. 초에 불을 붙이고 연소시킨 뒤 촛불을 끈 후 초의 길이를 재어 보았어요. 연소 후 초의 길이 변화와 이유를 쓰시오.

2. 공기의 양을 달리하여 초가 타는 시간을 비교해 보는 실험을 설계하고 그에 따른 결과를 보고서로 작성해 보세요.

공기의 양 변화	초의 타는 시간 변화

3. 2의 실험을 통해 화재 안전 대책에 대해 이야기해 보세요.

1)

2)

3)

제4장 **설명하는 글쓰기** | 119

5) 전구에 불이 켜지는 조건 (매원초)

영역	단원	성취 기준	성취 목표	평가 방법
운동과 에너지	1. 전기의 이용	전지와 전구, 전선을 연결하여 전구에 불이 켜지는 조건을 찾아 설명할 수 있다.	전지, 전구, 전선을 연결하여 전구에 불을 켜고, 전구에 불이 켜지는 조건을 설명할 수 있다.	지필평가 서술평가

꿀샘의 꿀팁!

전지와 전구, 스위치, 전선과 전지 끼우개 등은 문구점에서 세트로 판매한다. 이 세트를 구매하여 아이들이 전구에 불이 들어올 수 있게 연결하도록 해 보자. 어떻게 연결하면 되는지는 구매한 세트에 내용이 다 적혀 있다. 처음부터 내용을 읽고 세트를 구성하지 말자. 읽지 않은 채로 어떻게 연결하면 좋은지 이리저리 맞춰 보도록 하자. 그런 다음 스스로 전구에 불이 들어오게 했다면 엄청난 성취감을 느낄 수 있을 것이다. 만약 그렇지 못하다면 뭐가 잘못되었는지 상당히 궁금해 질 것이다. 그런 궁금증이 유발되었을 때 살짝 설명서를 내밀자. 설명서를 읽으면서 큰 깨달음을 얻고 그 지식이 이미 자신의 지식으로 내면화된 것을 느끼게 될 것이다.

목마르지 않은 사람에게 물은 아무런 의미가 없다. 목마른 사람에게 물을 주어야 생명을 살린다. 혈액 순환을 돕는 물이 되는 효과가 있다. 아이들에게 어떠한 지식이나 생각을 알려 주고 싶을 때 미리 답을 말하는 것은 잘못이다. 목마르지 않은데 물가로 끌고 가는 것과 같이 부질없는 일이다. 아이가 목마를 때를 기다리거나 목마르게 만드는 방법을 찾는 것이 우선이다.

【수행평가 문제】

1. 전지와 전구, 스위치, 전선과 전지 끼우개, 전구 끼우개를 이용해 전구에 불을 켤 수 있는 방법을 설명하세요.

2. 전구에 불이 켜지는 조건을 설명하세요.

6) 뼈와 근육의 작동 원리 (삼육초)

영역	단원	평가 요소	평가 기준	평점
생명	4. 우리 몸의 구조와 기능	뼈와 근육 모형 만들고 원리 설명하기	뼈와 근육 모형이 작동할 수 있도록 정확하게 모형을 만들고 뼈와 근육의 생김새와 기능에 따라 몸이 움직이는 원리를 설명할 수 있다.	매우 잘함
			뼈와 근육 모형을 만들고 몸의 위치에 따라 뼈와 근육의 생김새와 기능이 다양함을 설명할 수 있다.	잘함
			뼈와 근육 모형을 만들지 못하고 몸의 위치에 따라 뼈와 근육의 생김새가 다름을 말하지 못한다.	보통

7) 뼈와 근육의 작동원리 (경기초)

단원	평가 내용	영역	평가 방법	평가기준			
				매우 잘함	잘함	보통	노력 요함
4. 우리 몸의 구조와 기능	뼈와 근육 모형을 만들고 관찰하여 몸이 움직이는 원리 설명하기	생명	활동 결과물 (실험 관찰)	뼈와 근육 모형을 만들고 뼈와 근육의 생김새와 기능에 따라 몸이 움직이는 원리를 바르게 파악하여 설명할 수 있다.	뼈와 근육 모형을 만들고 뼈와 근육의 생김새와 기능을 살펴보며 특징을 기록할 수 있다.	뼈와 근육 모형을 만들고 뼈와 근육의 생김새와 기능을 살펴보고 특징 중 일부를 간단하게 기록할 수 있다.	뼈와 근육 모형을 보며 뼈와 근육의 생김새와 기능을 살펴볼 수 있다.

꿀샘의 꿀팁!

뼈와 근육 모형을 그려 보고 몸을 지탱하고 움직일 수 있는 원리를 알아보는 실험이다. 이 실험은 실제로 근육 모형이 없어도 유튜브에 뼈와 근육송이 과학송의 일부로 있기 때문에 그 영상을 참고해도 된다. 또한, 근육의 일부인 이두박근과 삼두박근을 실제로 팔을 접었다 폈다 하면서 알통을 보여 주는 걸로도 실험이 가능하다. 물론 길이가 짧아지는 줄자로 측정하면서 실험을 해 보면 더욱 신기한 경험을 하게 된다. 또한, 근육이 늘어나는 실험의 일부로 어깨근육을 여러 번 두드린 후에 똑같은 거리에서 벽에 손이 닿지 않았는데 닿게 하는 마술을 보여 주면서 시작하자. 아이들이 훨씬 더 호기심 어린 시선으로 뼈와 근육에 대해 관심을 갖게 된다.

【수행평가 문제】

1. 뼈와 근육 모형을 그려 보세요.

7) 계절의 변화 (잠실초)

영역	단원	교육과정 성취 기준	평가 요소	평가 방법
우주(태양계의 구성과 운동)	2. 계절의 변화	계절에 따른 태양의 남중 고도, 낮과 밤의 길이, 기온 변화를 설명할 수 있다.	계절에 따라 태양의 남중 고도와 낮과 밤의 길이, 기온 변화를 설명하기	서술 평가 관찰 평가

8) 계절의 변화 (원명초)

영역	단원	성취 기준	평가 내용	채점 기준		방법
우주	2. 계절의 변화	하루 동안 태양의 고도, 그림자의 길이, 기온을 측정하여 이들 사이의 관계를 찾을 수 있다. 계절에 따른 태양의 남중 고도, 낮과 밤의 길이, 기온 변화를 설명할 수 있다.	계절별 태양의 남중 고도, 낮과 밤의 길이, 기온 자료 해석하기	잘함	계절에 따른 태양의 남중 고도, 낮과 밤의 길이, 기온 변화의 자료를 해석하여 이들 사이의 관계를 설명할 수 있다.	관찰 지필
				보통	계절에 따른 태양의 남중 고도, 낮과 밤의 길이, 기온의 변화 자료를 보고 각각의 변화를 설명할 수 있다.	
				노력 요함	계절에 따라 낮과 밤의 길이와 기온이 달라짐을 말할 수 있다.	

꿀샘의 꿀팁!

위 실험은 태양의 남중 고도와 낮과 밤의 길이, 기온 변화에 대한 실험이다. 실험을 해 본 친구들과 실험을 해 보지 않은 친구들은 다르다. 학교 수업에 이해도가 많이 차이가 날 수 있다. 따라서 쉬는 날 막대기와 각도기를 들고 아침, 점심, 저녁의 태양의 고도를 측정해 보면 좋다. 태양의 고도가 어느 때 가장 높은지 알 수 있다. 실험과 함께 온도계로 온도도 측정해 보면 좋은데, 이건 체감 기온으로도 알 수 있다. 아침이나 저녁보다 오후가 더 따뜻하다는 것을 이미 생활을 통해 알고 있다. 이로 인해 태양의 고도와 기온의 변화가 어떤 상관성이 있는지 스스로 알 수 있게 된다.

또한, 지구의 공전과 자전도 함께 실험하면 더 좋다. 한 명을 태양이라고 한

가운데 세우고, 다른 한 명은 지구라고 가정하며 실험하면 된다. 봄, 여름, 가을, 겨울의 위치를 정하고, 지구의 자전축이 기울어지지 않은 걸 가정해서 몸에 일정한 부분은 대한민국이라고 가정한다. 공전과 자전을 해 보면 사계절이 모두 똑같은 위치에서 만난다는 사실을 알게 된다. 그로 인해 자전축이 기울어져서 자전과 공전을 하고, 계절의 변화가 생기며 계절마다 태양의 남중 고도도 달라진다는 것을 알 수 있도록 돕는다. 이렇게 몸으로 실험을 하고 나면 쉽게 이해하게 되고 잊지 않게 된다.

【수행평가 문제】

1. 하루 동안 태양 고도가 가장 높은 때와 기온이 가장 높은 때의 차이가 생기는 이유는 무엇일까요?

2. 계절에 따른 다음의 차이가 나는 이유와 이들 사이 관계를 설명해 보세요.

계절	태양의 남중 고도	낮과 밤의 길이	기온 변화
봄			
여름			
가을			
겨울			

3. 계절에 따른 차이가 생기는 이유와 관계는

3. 설명하는 글쓰기 수행평가 예제

1) 'WHY' 주제로 설명문 쓰기 (개원중)

성취도	성취 수준
A	다양한 글을 읽고 글의 목적에 맞게 요약함. 'WHY' 주제에 맞는 설명 대상을 선정하고, 대상에 대한 구체적인 정보를 수집하여 또래에게 이해하기 쉽게 설명함. 처음-중간-끝의 내용으로 주제가 통일성 있게 드러나도록 개요를 작성함. 'WHY' 주제에 맞는 내용으로 글을 완성하였으며 글의 내용이 구체적임.
B	다양한 글을 읽고 글의 목적에 맞게 요약함. 'WHY' 주제에 맞는 설명 대상을 선정하고, 대상에 대한 구체적인 정보를 수집하여 또래에게 이해하기 쉽게 설명함. 처음-중간-끝의 내용으로 주제가 드러남. 'WHY' 주제에 맞는 내용으로 글을 완성하였으며 글의 내용이 구체적임.
C	다양한 글을 읽고 글의 목적에 맞게 요약함. 'WHY' 주제에 맞는 설명 대상을 선정하고, 설명 대상에 대한 정보를 수집하였으며 또래에게 설명함. 처음-중간-끝의 내용으로 주제가 드러남. 'WHY' 주제에 맞는 내용으로 글을 완성하였으나 분량이 부족함.
D	다양한 글을 읽고 글의 일부를 연결하여 요약함. 처음-중간-끝의 내용으로 주제가 드러남. 처음-중간-끝의 내용을 채웠으나 주제가 드러나지 못함. 'WHY' 주제에 맞는 내용으로 글을 완성하였으나 분량이 부족함.
E	다양한 글을 읽고 글의 일부를 그대로 가져옴. 'WHY' 주제에 맞는 설명 대상을 선정하고, 대상에 대한 정보의 일부를 또래에게 읽어줌. 처음-중간-끝의 내용을 채웠으나 주제가 드러나지 못함. 'WHY' 주제에 맞는 내용으로 글을 썼으나 완성하지 못함.

■ 평가 기준

평가 항목	평가 내용	평가 수준(채점 기준)		
		잘함	보통임	노력 요함
요약 하기	다양한 글을 읽고 요약할 수 있는가?	다양한 글을 읽고 글의 목적에 맞게 요약함.	다양한 글을 읽고 글을 연결하여 요약함.	다양한 글을 읽고 글의 일부를 그대로 가져옴.
쓸거리 선정	설명 대상을 선정 하고 대상에 맞는 정보를 찾아 설명 할 수 있는가?	'WHY' 주제에 맞는 설명 대상을 선정하고, 대상에 대한 구체적인 정보를 수집하여 또래에게 이해하기 쉽게 설명함.	'WHY' 주제에 맞는 설명 대상을 선정하고, 설명 대상에 대한 정보를 수집하였으며 또래에게 설명함.	'WHY' 주제에 맞는 설명 대상을 선정하고, 대상에 대한 정보의 일부를 또래에게 읽어줌.
개요표 작성	짜임새 있는 글을 쓰기 위해 개요를 작성할 수 있는가?	처음-중간-끝의 내용으로 주제가 통일성 있게 드러나도록 개요를 작성함.	처음-중간-끝의 내용으로 주제가 드러남.	처음-중간-끝의 내용을 채웠으나 주제가 드러나지 못함.
글쓰기	주제가 드러나도록 글을 완성하였는가?	'WHY' 주제에 맞는 내용으로 글을 완성하였으며 글의 내용이 구체적임.	'WHY' 주제에 맞는 내용으로 글을 완성하였으나 분량이 부족함.	'WHY' 주제에 맞는 내용으로 글을 썼으나 완성하지 못함.

요약을 잘하기 위해서는 요약의 방법을 알아야 한다. 요약에서 필요한 것은 첫째 중요하지 않은 내용을 삭제하는 것이다. 사건의 원인을 찾아서 이야기를 시작하면 좋다. 관련 있는 사건은 하나로 묶어 주면 요약하기가 편하다.

설명문을 쓰고자 할 때는 자료 조사를 꼼꼼하게 하는 게 중요하다. 자료가 풍부할수록 설명할 대상에 대한 자세한 글을 쓸 수 있다. 자료를 많이 모았으면 개요표를 작성해서 내용을 촘촘하게 연결한다. 흐름이 자연스러워야 잘 읽히고 내용 전달이 잘 된다. 개요표에 따라 글을 쓰면 된다. 다 쓰고 나서 부자연스러운 표현이나 어법에 맞지 않는 표현이 있지는 않은지 읽어보면서 고쳐 쓰면 좋은 글을 쓸 수 있을 것이다.

【수행평가 문제】

글 요약하고 관련 주제로 설명문 쓰기

길동이 자라 여덟 살이 되자 총명하기가 보통이 넘어 하나를 들으면 백 가지를 알 정도였다. 그래서 공은 더욱 귀여워하면서도 출생이 천해 길동이 늘 아버지니 형이니 하고 부르면 즉시 꾸짖어 그렇게 부르지 못하게 하였다. 길동은 열 살이 넘도록 감히 부형을 부형이라 부르지 못하고, 종들로부터 천대받는 것을 뼈에 사무치게 한탄하면서 마음 둘 바를 몰랐다.

"대장부가 세상에 나서 공맹을 본받지 못할 바에야 차라리 병법이라도 익혀 대장인을 허리춤에 비스듬히 차고 동정서벌하여 나라에 큰 공을 세우고 이름을 만대에 빛내는 것이 통쾌한 일이 아니겠는가? 어찌하여 내 한 몸이 적막하고 부형이 있는데도 아버지를 아버지라 부르지 못하고 형을 형이라 부르지 못하니 심장이 터질 것만 같구나. 이 어찌 통탄할 일이 아니겠는가!"

하고 말을 마친 후 뜰에 내려와 검술을 익히고 있었다.

그때 마침 공이 또한 달빛을 구경하다가, 길동이 서성거리는 것을 보고 즉시 불러 물었다.

"너는 무슨 흥이 있어서 밤이 깊도록 잠을 자지 않느냐?"

길동은 공경하는 자세로 대답하였다.

"소인은 마침 달빛을 즐기는 중입니다. 그런데 만물이 생겨날 때부터 오직 사람이 귀한 존재인 줄 아옵니다만, 소인에게는 귀함이 없사오니 어찌 사람이라 하겠습니까?"

공은 그 말의 뜻을 짐작은 했지만 일부러 책망하는 체하며

"네 무슨 말이냐?"

하였다. 길동이 절하고 말씀드리기를

"손인이 평생 설워하는 바는 소인이 대감 정기를 받아 당당한 남자로 태어났고, 또 낳아 길러 주신 부모님의 은혜를 입었음에도 불구하고, 아버지를 아버지라 못하옵고, 형을 형이라 못하오니, 어찌 사람이라 하겠습니까?"

하고 눈물을 흘리며 적삼을 적셨다. 공이 듣고 나자 비록 불쌍하다는 생각은 들었으나 그 마음을 위로하면 마음이 방자해질까 염려되어, 크게 꾸짖어 말하였다.

"재상 집안에 천한 종의 몸에서 태어난 자식이 너뿐이 아닌데, 네가 어찌 이다지 방자하냐? 앞으로 다시 이런 말을 하면 내 눈앞에 서지도 못하게 하겠다."

이렇게 꾸짖으니 길동은 감히 한마디도 더 하지 못하고 다만 엎드려 눈물을 흘릴 뿐이었다. 공이 물러가라 하자, 그제서야 길동은 침소로 돌아와 슬퍼해 마지 않았다.

길동이 본래 재주가 뛰어나고 도량이 활발한지라 마음을 가라앉히지 못해 밤이면 잠을 이루지 못하곤 하였다. 하루는 길동이 어미 침소에 가 울면서 아뢰었다.

"소자가 어머니와 더불어 전생 연분이 중하여 금세에 모자가 되었으니 그 은혜가 지극하옵니다. 그러나 소자의 팔자가 기박하여 천한 몸이 되었으니 품은 한이 깊사옵니다. 장부가 세상에 살면서 남의 천대를 받음이 불가한지라, 소자는 자연히 설움을 억제하지 못하여 어머니 슬하를 떠나려 하오니, 엎드려 바라건대 어머니께서는 소자를 염려하지 마시고 건강하게 지내십시오."

그 어미가 듣고 나서 크게 놀라 말하였다.

"재상가의 천생이 너뿐이 아닌데 어찌 마음을 좁게 먹어 어미 속을 태우느냐?"

길동이 대답하였다

"옛날 장충의 아들 장길산은 천생이지만 열세 살에 그 어미와 이별하고 운봉산에 들어가 도를 닦아 아름다운 이름을 후세에 전하였습니다. 소자도 그를 본

받아 세상을 벗어나려 하오니 어머니께서는 안심하고 후일을 기다리십시오. 근간에 곡산댁의 눈치를 보니 상공의 사랑을 잃을까 하여 우리 모자를 원수같이 알고 있습니다. 큰 화를 입을까 하오니 어머니께서는 소자가 나감을 염려하지 마십시오."

《홍길동전》중에서

1. 위 글에서 해당하는 사항을 정리하여 보세요.

중요하지 않은 내용	
사건의 원인과 결과	
묶을 수 있는 사건	

2. 위 글을 요약하여 보세요.

요약하기	

3. why 조선시대의 신분제도에 대해 설명하는 글을 써 보세요.

주제	
쓸거리 선정	
개요표 작성	
글쓰기	

제4장 설명하는 글쓰기 | 129

2) 체인지 메이커 프로젝트 (휘문중)

교육과정 성취 기준	평가준거 성취 기준	평가 기준	
사회 변동의 의미를 이해하고, 현대 사회의 변동 양상과 문제점을 분석한다.	현대의 주요한 사회 문제를 조사하고, 이에 대한 해결 방안을 탐구한다.	상	현대의 주요한 사회 문제를 조사하고, 사례 분석을 통해 이에 적합한 해결 방안을 설명할 수 있다.
한국 사회 변동의 최근 경향을 이해하고, 이에 대한 대응 방안을 탐구한다.		중	현대의 주요한 사회 문제를 조사하고, 이에 대한 해결 방안을 제시할 수 있다.
현대의 주요한 사회 문제를 조사하고, 이에 대한 해결 방안을 탐구한다.		하	현대의 주요한 사회 문제를 제시할 수 있다.

	채점 기준	점수
상	개선이 필요한 사회 문제를 발견하고 효과적이고 적절한 해결 방안을 도출하여 적극적으로 실행한 뒤 전체 과정을 성찰하고 효과적으로 발표함.	50
중	개선이 필요한 사회 문제를 발견하고 상황에 맞는 해결 방안을 도출하여 성실하게 실행한 뒤 전체 과정을 성찰하고 발표함.	45
하	개선이 필요한 사회 문제를 발견하고 해결 방안을 도출하였으나 내용이 미흡하며, 실천 과정에 소극적이었거나 발표가 효과적이지 못함.	40

꿀샘의 꿀팁!

　기후 위기, 세대 간의 갈등 등 현대 사회에서 문제가 되는 것들을 짚어보고 해결 방안을 생각해 보는 수행평가이다. 초등 고학년이나 중학교 1학년이 생각할 수 있는 현대 사회의 문제점이라고 하면 너무 거창하고 부담스럽게 생각할 수 있다. 주변에서 쉽게 만나면서 늘 부딪히는 문제를 선택하도록 한다. 그래야 해결책도 쉽게 떠오를 수 있기 때문이다. 나의 하루 일과를 생각해 보며 가장 불편한 점, 개선되었으면 하는 점부터 시작하게 하자. 바운더리를 넓혀가다 보면 현대의 고질적인 사회 문제에까지 모든 게 연결되고 확장된다는 것을 알 수 있을 것이다.

　그 해결책 또한 멀리 있는 것이 아니다. 내가 한 번 하는 행동, 내가 쉽게 할 수 있는 주변의 일들에서 찾을 수 있다는 것 또한 중요한 깨달음이 될 것이다. 삶을 살면서 문제의식을 가지고 주변을 대하는 게 좋다. 그에 대한 해결책을 모색해 보는 활동들이 도움이 된다. 불편한 것들을 작은 실천과 변화로 바꿔 나가는 것들이 세상을 변화시키는 한 걸음이자 시작임을 인지할 수 있을 것이다.

【수행평가 문제】

1. 현대 사회에서 문제가 되고 있는 것들을 조사해 보세요.

2. 한 가지 문제를 선택하고 원인을 조사하세요.

3. 그 문제를 해결할 수 있는 방안을 생각해서 적어 보세요.

3) 세계 여러 나라 위치 알기 (목일중)

가) 교육과정 성취 기준과 평가 기준

교육과정 성취 기준		평가 기준
전 세계에는 5대양과 6대륙이 존재함을 인식하고 각 대륙에 위치한 나라들에 대해 알고 설명할 수 있다.	상	대륙별 나라의 이름 및 위치 38개 이상 정답 기재
	중	대륙별 나라의 이름 및 위치 30개 이상 38개 미만 정답 기재
	하	대륙별 나라의 이름 및 위치 30개 미만 정답 기재

나) 평가 내용 및 채점 기준

평가 항목	평가 내용	평가 단계	채점 기준(평가 기준)
대륙별 나라의 이름 및 위치	전 세계에는 5대양과 6대륙이 존재함을 인식하고 각 대륙에 위치한 나라들에 대해 알고 설명할 수 있다.	A	대륙별 나라의 이름 및 위치 38개 이상 정답 기재
		B	대륙별 나라의 이름 및 위치 30개 이상 38개 미만 정답 기재
		C	대륙별 나라의 이름 및 위치 30개 미만 정답 기재

꿀샘의 꿀팁!

기본적으로 6대륙에 속해 있는 나라들의 위치와 이름을 알아야 하는 수행평가다. 수행평가에서 기본적인 암기가 필요한 내용을 묻는 경우는 흔하다. 자신의 생각이나 의견을 기술하거나 교과 내용에 덧붙여 설명하는 경우를 아이들이 너무 어려워하기 때문이다. 하지만 이러한 능력은 평소 단원평가나 지필평가 등을 통해 확인할 수 있는 부분이다. 이 책에서는 몇 가지 문제만 이 유형으로 제시했다. 아이들이 기본적인 지식에 자신의 생각을 어떻게 덧붙여서 확장시켜 나가는지를 연습시키고자 함이다.

6대륙의 나라별 특징을 자신만의 방식으로 해석하도록 이끌어줄 필요가 있다. '아시아 같은 경우 중국이 대부분을 차지한다. 우리나라처럼 영토는 작지만 급성장하고 있는 나라들이 많다.' 등의 해석은 정답은 없지만 아이의 의견이 들어간 좋은 답안이다. 얼마나 자신의 생각을 확장시키고 발전시킬 수 있느냐를 보는 것이 수행평가의 고난도 문제들이다. 어려운 문제를 준비하면서 아이들이 기본적인 지식 위에 자신의 생각을 더하는 활동을 하게 된다. 이런 활동은 고등학교 공부나 인생을 살아가면서 반드시 필요한 과정이다. 어려서부터 자주 연습시키는 것이 좋다. 이를 통해 미래에 필요한 인재로 자라날 기본 능력을 키울 수 있을 것이다.

【수행평가 문제】

1. 6개의 대륙에 위치하는 나라에 대해 기술해 보세요.

6대륙						
나라 이름						

2. 6개 대륙에 속해 있는 나라들의 특징을 간단하게 설명해 보세요.

4) 지권 설명하기 (신동중)

주	단원명	성취 기준	지도 내용	수업 모형
3	Ⅰ-1. 지구계와 지권의 구조	지권이 무엇으로 이루어져 있는지 설명할 수 있다.	2. 층으로 이루어진 지권	탐구수업

꿀샘의 꿀팁!

위 수행평가 문제처럼 과학 시간에 배운 것들을 수행평가에서 그대로 제시하는 형태의 문제이다. 수업 시간에 배운 내용을 얼마나 잘 이해하고 있는가를 평가한다. 수업 시간에 집중하면 충분히 풀이가 가능하다. 대부분의 수행평가는 위 문제처럼 실제적으로 수업 시간에 배운 내용들을 정리만 잘해도 풀 수 있는 문제가 많다. 지금 연습하는 것들은 고등학교 수준의 수행평가도 거뜬히 해결할 정도의 상위 문제들이다. 수업 시간에 집중하여 내용을 필기하고 정리하다 보면 이 정도 수준의 수행평가는 쉽게 해결할 수 있다. 수행평가라는 것이 만점에서 점수를 깎아가는 방식이다. 성취 기준에 맞게끔 채워나가는 연습을 하다 보면 만점을 받을 확률이 높아진다. 성실하게 배운 내용을 정리하는 것만으로도 기본적인 문제는 해결할 수 있다. 수업 시간에 집중하는 것이 그 무엇보다 중요하다.

【수행평가 문제】

1. 지구계의 구조를 설명하세요.

2. 지권의 구성을 설명하세요.

5) 면담 보고서 (보성중)

평가 항목	평가 방법	평가 요소	성취 기준	성취 수준		
				상	중	하
면담 결과 보고서 작성하기	면담 보고서 작성	개별 평가	- 논리성 - 내용 구성력 - 독창성 - 어법 및 형식의 적절성	목적에 맞게 질문을 잘 준비하여 면담 보고서를 작성할 수 있다.	목적에 맞게 질문을 잘 준비하여 면담 보고서를 적극적으로 작성할 수 있다.	목적에 맞게 질문을 잘 준비하여 면담 보고서를 나름대로 작성할 수 있다.	목적에 맞게 질문을 잘 준비하여 면담 보고서를 작성하는 데 서투르다.

꿀샘의 꿀팁!

　면담 보고서를 작성한다는 것은 아이들에게 쉽지 않은 수행평가이다. 무엇을 어떻게 물어야 할지 익숙하지 않기 때문이다. 면담 보고서 작성 시 중요한 것이 대상 선정이다. 아이가 면담하기 어렵지 않을 만큼 친숙하면서도 궁금증을 가질 수 있는 대상을 선정하는 것이 좋다. 그래야 편안한 분위기에서 면담을 진행할 수 있다.

　청소년기에 필요한 것이 부모 이외에 멘토 역할을 할 수 있는 성인이다. 그러한 대상에 대하여 면담 보고서를 작성하면 좋다. 아이가 친숙하면서도 존경할 만한 부분이 있는 인물에 대하여 깊이 있게 알아보는 것이다. 아이의 가치관을 정립하는 데도 도움을 받을 수 있다. 이모나 고모, 삼촌, 큰아빠처럼 부모와 비슷한 마음이면서 조금만 이질적인 존재와의 면담을 진행해 보면 좋다. 면담을 통해 타인의 인생과 직업에 대해 깊이 있게 살펴볼 수 있는 기회다. 수행평가를 넘어서 아이에게도 의미 있는 과제가 될 것이다.

【수행평가 문제】

1. 주변 인물 중 면담하고자 하는 인물을 선택하고 이유를 기술해 보세요.

면담하고자 하는 인물	
선택한 이유	

2. 면담을 하고자 할 때 예상 질문을 적어 보세요.

3. 면담을 하고 나서 면담 보고서를 작성해 보세요.

〈면담 보고서〉

면담자		면담일	
피면담자		면담 종류	

면담 내용	
면담 결과	
면담 후 개선할 점	

향후계획	

6) 암석의 순환 과정 (목일중)

가) 교육과정 성취 기준과 평가 기준

교육과정 성취 기준		평가 기준
지각을 이루는 암석을 생성 과정에 따라 분류할 수 있으며, 암석의 순환 과정을 설명할 수 있다.	상	지각을 이루는 암석을 생성 과정에 따라 분류할 수 있고 이를 순환 과정과 관련지어 설명할 수 있다.
	중	암석의 특성을 알고 생성 과정에 따라 분류할 수 있다.
	하	암석의 생성 과정이 서로 다름을 설명할 수 있다.

나) 평가 내용 및 채점 기준

평가 항목	평가 내용	평가 단계	채점 기준(평가 기준)
암석 분류하기	암석의 특징을 관찰하고, 특징에 따라 암석을 분류할 수 있는가?	A	탐구 과정을 정확하게 수행하였으며, 탐구 결과가 정확한 경우
		B	탐구 과정을 정확하게 수행하였으나, 탐구 결과가 다소 정확하지 않은 경우
		C	탐구 과정을 정확하게 수행하였으나, 탐구 결과가 정확하지 않은 경우
		D	탐구 과정에 대한 이해가 부족하며, 탐구 결과가 정확하지 않은 경우
		E	탐구 과정에 참여했으나, 과정에 대한 이해가 전혀 없고 보고서를 제출하지 않은 경우

꿀샘의 꿀팁!

교과서에서 배운 내용을 설명하는 과정이다. 지식을 설명하기 위해서는 일단 이해가 우선이다. 내용에 대해서 설명할 수 있다는 것은 깊이 있게 그 내용을 이해하고 있다는 뜻이다. 암석의 순환 과정을 설명하는 과정을 통해 학습 내용에 대해 완전 학습을 도모할 수 있다. 설명하는 과정에서 막히는 부분이 있다면 멈추고 다시 본다. 그 부분에 대한 보완을 통해 다시 이해해야 한다. 반복적으로 이해와 설명을 반복하다보면 학습 과정을 완전히 자기화하게 된다. 수행평가뿐 아니라 보통 학습 상황에서도 배운 내용을 자기만의 언어로 설명해 보는 과정은 학습에 좋은 영향을 준다. 상위 학생들의 공부법이기도 하다. 이를 잘 활용해서 공부하면 자기 주도 학습 능력도 자연스럽게 길러진다. 자주 연습하면 좋을 형태의 문제이다.

【수행평가 문제】

1. 지각을 이루는 암석을 생성 과정에 따라 분류해 보세요.

2. 암석의 순환 과정을 설명해 보세요.

7) 탄성력의 이해 (목일중)

가) 교육과정 성취 기준과 평가 기준

교육과정 성취 기준	평가 기준	
일상생활에서 물체의 탄성을 이용하는 예를 조사하고, 그 예를 통하여 탄성력의 특징을 설명할 수 있다.	상	탄성력의 크기는 물체의 변형 정도에 비례하며, 탄성력의 방향은 물체가 원래 모양이나 위치로 돌아가려는 방향임을 설명할 수 있다.
	중	탄성력을 이용한 물체에서 변형된 정도가 크면 탄성력이 큼을 말할 수 있다.
	하	일상생활에서 탄성을 이용하는 물체의 예를 말할 수 있다.

나) 평가 내용 및 채점 기준

평가 항목	평가 내용	평가 단계	채점 기준(평가 기준)
놀이기구에 작용하는 힘 찾기	놀이기구에 작용하는 힘의 종류를 찾고, 힘의 작용점과 방향을 표시할 수 있는가?	A	탐구 과정을 정확하게 수행하였으며, 탐구 결과가 정확한 경우
		B	탐구 과정을 정확하게 수행하였으나, 탐구 결과가 다소 정확하지 않은 경우
		C	탐구 과정을 정확하게 수행하였으나, 탐구 결과가 정확하지 않은 경우
		D	탐구 과정에 대한 이해가 부족하며, 탐구 결과가 정확하지 않은 경우
		E	탐구 과정에 참여했으나, 과정에 대한 이해가 전혀 없고 보고서를 제출하지 않은 경우

꿀샘의 꿀팁!

그림을 그려 설명하면 좋은 수행평가 문제이다. 탄성력의 방향과 구심점에 대해 기본적으로 이해를 한 후, 놀이기구 하나를 선정해서 설명할 수 있어야 한다. 아이들이 평소에 놀이기구 타는 것은 좋아하지만, 어떤 원리로 기계가 작동하는지에 대해서는 큰 궁금증이 없었을 것이다. 이런 수행평가 문제를 통해서 학교에서 배우는 지식이 실생활에서 어떻게 유용하게 활용되는지 생각할 수 있는 기회가 된다. 이는 다양한 호기심으로 연결되어 교과서에서 배우고 외우는 죽은 지식이 아니라고 알게 된다. 또한, 일상에서 활용할 수 있는 산 지식에 관심을 불러

일으킨다. 이 관심이 공부에 대하여 긍정적인 동기로 작용될 수 있다.

　이러한 수행평가 과제는 평소 생활에서 자주 사용하는 기계에 대한 관심에서부터 수행 능력을 키울 수 있다. 호기심이 많아 과학 원리를 찾아보고 적용하는 아이라면 이 정도의 수행평가는 식은 죽 먹기다. 실생활에서 궁금증을 가지고 자주 질문할 수 있는 기질을 키워 주는 것이 좋다. 관심이 생기면 좋아할 수밖에 없는 노릇이다. 하루하루의 생활에서 궁금증을 불러일으키는 좋은 질문을 통해 아이의 관심을 다방면으로 끌어주면 좋겠다.

【수행평가 문제】

1. 놀이기구에 작용하는 힘의 원리에 대해 설명하세요.

2. 놀이기구에 작용하는 힘의 작용점과 방향을 설명하세요.

좋은 글이란 어떤 요건을 갖춘 글을 말하는 건가요?

좋은 글은 쉽습니다. 어려운 용어나 한자, 전문 용어를 사용하여 글을 어렵게 쓰지 않습니다. 쉬우면서도 이해하기 쉽고 전달력이 있는 글이 좋은 글입니다. 누구나 쉽게 공감하고 빠져들 수 있는 글은 쉬운 글이지요. 사용하는 문장의 길이도 짧습니다. 끊어 읽기 쉽도록 짧은 문장을 쓰며 리듬감을 갖춘 글이 좋은 글입니다. 짧고 긴 문장을 섞어 쓰며 문장에 리듬감을 줍니다. 리듬감이 있는 글은 술술 읽힙니다.

좋은 글은 비유와 예시를 자주 사용합니다. 독자의 이해를 돕기 위한 장치이지요. 아무리 어려운 지식이나 이론이라도 비유나 예시를 사용하여 설명하면 훨씬 쉽게 이해할 수 있습니다. 일상에서 만날 수 있는 상황들을 잘 기억하고 메모해 두었다가 적재적소에 사용하는 글은 맛깔나게 읽힙니다. 거부감 없이 진도가 쭉쭉 나가게 되지요.

마지막으로 진심을 담아 쓴 글이어야 합니다. 글 안에 작가의 생각이나 철학이 고스란히 드러나야 합니다. 그것이 독자를 울릴 수 있고 마음을 움직일 수 있습니다. 진심을 담아 글을 쓴다는 것은 절실하다는 의미입니다. 독자에게 전달하고 싶은 확실한 메시지가 있는 글입니다. 내가 이 글을 왜 쓰고 있는지 목적이 분명하고, 메시지가 확실한 글은 독자에게 강렬하게 다가갑니다.

글쓰기를 잘할 수 있도록 연습하는 방법은 무엇일까요?

　좋은 글을 자주 접하는 것이 좋아요. 잘 쓴 글을 자주 읽고 따라 쓰고 응용하는 것만큼 글쓰기 실력을 늘려 주는 것도 없지요. 자신에게 잘 읽히는 글이나 좋은 글귀를 자주 메모해 두세요. 그 형식에 따라서 내 글을 써 보는 훈련이 무엇보다 도움이 됩니다.

　그다음 정확한 문장 형식으로 써야 해요. 요즘 청소년들은 줄임말이나 문법, 어법에 맞지 않는 말을 일상생활에서 너무 많이 사용해요. 그래서 진짜 상황에 맞는 단어 선택이나 문법 사용을 어려워하는 경우가 많습니다. 다양한 유형의 어른들과 대화를 통해 좋은 문장을 만나거나 좋은 말이나 글을 접하는 기회가 적기도 하구요. 게다가 영상 세대잖아요. 글보다 영상으로 세상을 접하니 더더욱 글쓰기를 어려워할 수밖에 없지요. 문법 공부를 통해 비문에 대해서 잘 알아둘 필요가 있어요. 이것 또한 영어 문법처럼 제대로 된 문장을 많이 읽고 접해 보면 자연스럽게 해결되는 문제이긴 하지요.

　글쓰기에 대해서 불변의 법칙이라면 '쓸수록 는다'는 것입니다. 습작을 늘려가도 좋고 한 문장씩 늘려 써 봐도 좋아요. 일단은 써 보는 게 중요합니다. 쓰다 보면 자연스러운 표현은 늘고 비문은 줄어들게 됩니다. 쓰고 나서 고치는 퇴고 과정을 꼭 거쳐 보세요. 그러다 보면 글쓰기 실력이 성장하는 것을 본인도 느낄 수 있을 거예요. 그렇게 실력이 늘다 보면 더 이상 글쓰기가 부담스럽지만은 않을 거예요.

문학작품 쓰기

05 CHAPTER

Chapter 5. 문학작품 쓰기

1. 문학작품 쓰기 수행평가

　수행평가에서 종종 등장하는 것이 문학작품 쓰기다. 다른 글에 비해서 읽기 쉽기 때문에 문학작품이 쓰기도 쉬울 것이라고 생각한다면 오산이다. 문학작품에 대한 정확한 이해가 필요하다. 문학은 인간의 사상과 감정을 언어로 사용함으로써 표현되는 예술이다. 인간 정서를 아우르는 문학작품에는 언어를 아름답게 구성하여 심상이나 교훈을 남기는 서정 갈래와 서술자를 통해 특정 배경에서 어떤 인물이 겪는 사건과 갈등을 허구적으로 형상화하는 서사 갈래가 있다. 대상이나 세계를 묘사하거나 설명하는 경향이 강한 교술 갈래도 있다. 시나리오에 해당하는 극 갈래도 있다. 서정 갈래에는 시, 가사가 서사 갈래에는 소설이 있다. 교술 갈래에는 희곡이나 각본, 교술 갈래에는 수필이나 비평이 있다. (위키백과 참고) 학교에서 다루는 수행평가는 주로 시나 간단한 극본 쓰기, 수필 등이 자주 등장한다. 문학작품 쓰기 수행에서는 각 갈래의 특징에 맞게 표현법을 달리하여 써낼 수 있도록 연습하는 것이 좋다. 작품에서 요구하는 주제를 잘 드러낼 수 있는 다양한 문학적 기법을 사용하여 작품을 쓰자. 많이 읽고 연습하는 과정을 통해 글쓰기 능력을 향상시킬 수 있다.

2. 초등학교 문학작품 쓰기 수행평가 연습

1) 작품 속 인물과 나 (매원초)

영역	단원	성취 기준	성취 목표	평가 방법
문학	1. 작품 속 인물과 나	작품에서 얻은 깨달음을 바탕으로 하여 바람직한 삶의 가치를 내면화하는 태도를 지닌다.	작품에서 얻은 깨달음을 바탕으로 하여 바람직한 삶의 가치를 내면화하는 태도를 지닐 수 있다.	지필 평가 서술 평가

꿀샘의 꿀팁!

　수필 쓰기 수행평가이다. 글의 중심 내용을 정하고 그에 합당한 내용으로 수필을 작성할 수 있어야 한다. 수필을 잘 쓰기 위해서 무엇보다 중요한 것이 관찰이다. 위 글에서는 배비장이 내세우고 있는 자신의 가치관이 무엇인지를 파악한다. 그 가치관에 맞게 생활하기 위한 나의 다짐을 적기 위한 관찰 말이다. 내가 살고 싶은 삶과 배비장의 삶의 철학에서 닮은 점을 찾아내는 관찰을 말한다. 그 관찰이 견고하고 꼼꼼하게 세분화되어 잘 일어나야 글쓰기가 수월하다. 그것을 위해서 평소 나의 삶의 관찰을 세세하게 해 둬야 한다. 그러면 그 이야기가 자연스럽게 수필의 소재가 될 것이다. 자신의 경험을 바탕으로 한 예시가 풍부한 글은 글의 주제를 나타내는 데 많은 도움이 된다. 수필을 잘 쓰기 위해서 중요한 것이 관찰이기에 자신의 주변 환경을 색다른 눈으로 볼 수 있는 연습이 필요하다. 당연히 그렇다거나 원래부터 그랬다는 생각을 경계하고 전혀 다르게 바꿔본다. 그때 무엇이 어떻게 달라질까 하는 의문의 눈을 갖고 세상을 볼 때 세상도 글쓰는 힘을 세워줄 것이다.

【수행평가 문제】

* 아래 글을 읽고 물음에 답해 보세요.

> 한양에 김경이라 하는 양반이 있으니 글재주가 비범하여 십오 세에 생원, 진사, 이십 세에 장원급제하고 높은 벼슬을 두루 거쳐 제주 목사로 제수되었다. 김경이 즉시 부임지로 떠나려고 이방, 호방, 예방, 공방, 병방, 형방을 골라 뽑을 때 배 선달을 급히 불러 예방을 소임을 맡기니 배 선달이 집으로 돌아와서 어머니께 여쭈었다.
> "소자가 팔도강산 좋은 경치를 두루 보았으나 제주가 섬이라 어머님 모시고 가지를 못했더니 이번에 부임하는 제주 목사라 저를 비장으로 삼아 함께 가자 하니 다녀오겠나이다.
> -중략-
> 곁에 있던 배비장 아내도 남편을 만류하며 말했다.
> "제주라 하는 곳이 비록 바다 한가운데 섬이나 기생이 많다 하옵니다. 만일 그곳에 가 계시다가 술과 여자에 빠져 돌아오지 못하오면, 부모께도 불효가 되고 첩의 신세도 처량하니 못 가겠다 하십시오."
> "그것일랑 염려 마오. 이팔청춘 여자 몸이 아무리 아름답다 해도 그것에 빠져 죽었다는 사람은 내 보지 못했소. 계집질은커녕 쓸데없는 수작이라도 하게 되면 내가 사람이 아닐세."
> 배비장이 노모에게 하직하고는 비단 장식 말 타고 뒤 한번 안 돌아보고 제주로 향한다.
> — 《절개 높다 소리마오 벌거벗은 배비장》 중에서

1. 위 이야기를 읽고 내용을 간추려 적어 보세요.

2. 이 글의 인물이 추구하는 삶의 태도는 무엇인지 써 보세요.

3. 이 글의 인물이 추구하는 바람직한 삶의 가치를 이룰 수 있도록 하는 삶에 대한 나의 다짐을 써 보세요.

2) 인물이 추구하는 삶 (청원초)

영역	관련 단원	국가수준 성취 기준	평가 내용	평가 기준	성취 수준	평가 방법
문학	1. 작품 속 인물과 나	작품에서 얻은 깨달음을 바탕으로 하여 바람직한 삶의 가치를 내면화하는 태도를 지닌다.	인물이 추구하는 삶을 이해하며, 자기 생각이나 느낌이 드러나는 편지 쓰기	매우 잘함	작품 속 인물이 추구하는 삶을 적절히 이해하고, 자기 생각이나 느낌이 잘 드러나는 편지글을 바르게 쓸 수 있다.	관찰평가 지필평가
				잘함	작품 속 인물의 삶을 이해하고, 자기 생각이나 느낌이 담긴 편지글을 쓸 수 있다.	
				보통	작품 속 인물의 삶을 이해할 수 있으나, 자기 생각이나 느낌이 담긴 편지글을 쓰는 데 어려움이 있다.	
				노력 요함	작품 속 인물의 삶을 잘 이해하지 못하고, 자기 생각이나 느낌이 담긴 편지글을 쓰는 데 어려움이 있다.	

꿀샘의 꿀팁!

    감명 깊게 읽은 작품에서 주인공의 삶에서 배우고자 하는 바를 편지로 써 보는 수행평가이다. 이를 위해서는 평소 내가 가장 좋아하는 문학작품의 인물을 선정해야 한다. 가장 감명을 받았거나 닮고 싶은 작품이 인물을 선정한다. 작품 속에서 드러나는 인물의 가치관의 어떤 점이 좋았는지를 곰곰이 생각해 본다. 그것이 나의 삶에서 꼭 필요하거나 부족한 부분일 수 있다. 내가 닮고 싶다는 것은 내가 가지지 못한 점을 가졌다는 의미일 수 있다. 혹은 내가 추구하는 모습일 수 있다. 이를 생각해 보면 내가 살고 싶은 삶이 어떤 모습인지 정리할 수 있을 것이다. 작품 속 인물과 나의 삶의 태도의 차이도 찾아낼 수 있다. 그런 점들을 정리해서 인물에게 편지를 써 본다. 나의 삶에 대한 진지한 생각이 드러나는 글이 될 것이다. 남에게 보이는 것을 신경 쓰기보다는 진실하게 써 내려가는 것이 좋다. 진심이 담긴 글이야말로 가장 진한 감동을 준다. 자신에 대한 솔직한 마음을 써 보자. 부러운 마음이나 질투나는 것들을 솔직하게 적어도 좋다. 그것을 아는 순간부터 자신의 발전을 이룰 수 있기 때문이다. 이러한 시도는 수행평가 문제를 떠나서 내 인생의 지표를 세워 보는 아주 중요한 과제이다. 진지하게 생각해서 글을 써 보자.

【수행평가 문제】

1. 내가 좋아하는 작품의 인물을 선정해서 그 인물이 좋은 이유를 적어 보세요.

2. 그 인물과 내 삶의 가치관의 차이와 닮고 싶은 점에 대해 적어 보세요.

3. 작품 속 인물에게 내 삶의 가치에 대해서 소개하는 편지를 써 보세요.

3-1) 자신의 꿈꾸는 삶 (경기초)

단원	평가 내용	영역	평가 방법	평가 기준			
				매우 잘함	잘함	보통	노력 요함
1. 작품 속 인물과 나	자신이 꿈꾸는 삶의 모습을 작품으로 표현하기	문학	관찰형	문학에서 가치 있는 내용과 아름다움의 요소를 깊이 있게 이해하고 이를 바탕으로 하여 자신이 꿈꾸는 삶의 모습이 잘 드러나는 문학 작품을 완성할 수 있다.	문학에서 가치 있는 내용과 아름다움의 요소를 이해하고 이를 바탕으로 하여 자신이 꿈꾸는 삶의 모습을 문학 작품으로 표현할 수 있다.	문학에서 가치 있는 내용과 아름다움의 요소를 일부 이해하고 이를 바탕으로 하여 자신이 꿈꾸는 삶의 모습을 간단한 문학 작품으로 표현할 수 있다.	문학에서 가치 있는 내용과 아름다움의 요소를 생각하며 자신이 꿈꾸는 삶의 모습을 간단한 문학 작품으로 표현할 수 있다.

3-2) 자신이 꿈꾸는 삶 (충암초)

단원	영역	성취 기준	평가 요소	평가 방법
작품 속 인물과 나	문학	문학은 가치 있는 내용을 언어로 표현하여 아름다움을 느끼게 하는 활동임을 이해하고 문학 활동을 한다.	자신이 꿈꾸는 삶을 작품으로 표현하기	지필

3-3) 자신이 꿈꾸는 삶 (잠실초)

영역	단원	교육과정 성취 기준	평가 요소	평가 방법	평가 시기
문학	1.작품 속 인물과 나	문학은 가치 있는 내용을 언어로 표현하여 아름다움을 느끼게 하는 활동임을 이해하고 문학 활동을 한다.	작품에 등장하는 인물이 추구하는 삶을 이해하고 자신의 삶과 관련짓기	서술 평가	9월 2주

꿀샘의 꿀팁!

내가 살고 싶은 인생은 어떤 모습인가? 한 번쯤 몇십 년 후의 내 모습에 대해서 생각해 본 적이 있을 것이다. 내가 가장 중요하게 생각하는 가치와 내가 이루고 싶은 것들, 하고 싶은 일과 만나고 싶은 사람에 대해서 종합적으로 생각해 보는 과제이다. 20대와 40대, 60대와 80대 나는 어떤 모습으로 살고 싶은지 생각해 보자. 유명 인사들을 보면 구체적으로 꿈을 그리는 사람이 많다. 미래의 자신의 모습을 그림처럼 하나하나 구체적으로 꿈꾸는 것이다. 그들은 그것을 이루기 위해 구체적으로 필요한 나의 노력이 무엇인지를 파악하고 노력한다. 나 또한 그런 모습을 그려 보는 시간을 갖도록 하자. 나는 무엇이든 될 수 있는 존재임을 잊지 말자. 꿈은 원대하고 크게 가지자. 그 꿈을 이루는 내 모습을 시로 표현해 보자. 내가 노벨평화상을 받으며 나의 인생을 회상해 보는 장면을 써 보는 것도 좋다. 혹은 가족들과 서로 사랑하고 배려하며 살아가는 인생의 한 장면을 그려 봐도 좋다. 그 과정들이 고스란히 내 삶을 살아가는데 나침반 역할을 해 줄 수 있음을 잊지 말자. 아름다운 내 인생의 한 장면을 기대하고 그리며 만들어 가는 적극적인 모습을 시로 표현하는 것이다. 분명 나의 성장과 발전에 도움이 될 것이다. 아름답고 풍요로운 내 인생을 시로 표현하는 과제를 통해 성장해 가는 내 모습은 말 그대로 아름다우면서 가치 있는 문학작품이 되어 줄 것이다.

【수행평가 문제】

1. 내가 살고 싶은 인생은 어떤 인생인가요?

2. 시기별 나의 인생 계획을 세워 보세요.

시기	나의 모습
20대	
40대	
60대	
80대	

3. 인생의 한 시기를 정하여 그 시기 자신의 모습을 시로 만들어 보세요.

4) 내가 꿈꾸는 삶 캐릭터 (삼육초)

평가 영역	교과 목표	수행평가 단원	수행평가 요소	평가 방법
문학	자신이 꿈꾸는 삶의 모습을 다른 대상에 빗대어 작품으로 표현할 수 있다.	1. 작품 속 인물과 나	자신이 꿈꾸는 삶을 작품으로 표현하기	지필평가 서술평가

영역	단원	평가 요소	평가 기준	평점
문학	1. 작품 속 인물과 나	자신이 꿈꾸는 삶을 작품으로 표현하기	자신이 꿈꾸는 삶의 모습을 다른 대상에 빗대어 작품으로 정확하게 표현한다.	매우 잘함
			자신이 꿈꾸는 삶의 모습을 다른 대상에 빗대어 작품으로 표현한다.	잘함
			자신이 꿈꾸는 삶의 모습을 작품으로 표현하지 못한다.	보통

꿀샘의 꿀팁!

나만의 캐릭터를 만들어보는 아주 재미있는 수행평가다. 내가 되고 싶고 내가 꿈꾸는 캐릭터를 만드는 거다. 평소 나의 단점이라고 생각했던 것을 다 이겨낼 만한 캐릭터를 만드는 거다. 혹은 선망의 대상이 될 만한 캐릭터를 창조해도 좋다. 내가 만든 캐릭터가 내가 꿈꾸는 삶을 살아가는 상상력을 마음껏 발휘해도 좋다. 신나서 글을 써내려 갈 수 있을 만큼 아주 매력적인 소재이다. 하지만 학생들 중에는 별다른 흥미를 느끼지 못할 지도 모르겠다. 현재의 삶이 너무 빡빡해서 삶의 의욕을 잃은 학생도 있을 테니까 말이다. 부모님의 뜻대로 열심히 공부하고 노력은 하는데 마음대로 되지 않아 속상할 수도 있다. 그런 복잡한 자신의 마음을 캐릭터에 녹여 내는 것이다. 이것은 오로지 나를 위해 존재하는 과제라고 생각해보자. 남에게 보여진다거나 잘 보여야 한다는 강박 관념을 내려놓자. 온전히 내가 바라고 꿈꾸고 기대하는 것에 대해서 생각해 볼 수 있는 시간을 갖는 것이다. 내가 진정 원하는 나의 모습을 생각해 볼 수 있는 좋은 기회가 될 것이다. 내 인생의 주인은 바로 나 자신이다. 내가 꿈꾸고 기대하는 인생으로 만들어 가려면 내가 생각하는 인생에 대한 큰 그림이 그려져 있어야 한다. 그 그림을 그려볼 수 있는 기회로 만들어 보자.

【수행평가 문제】

1. 캐릭터를 하나 만들고 캐릭터의 일대기를 글로 써 보세요.

캐릭터 이름	
캐릭터 성격	
캐릭터 취미	
캐릭터 특징	
캐릭터가 잘하는 것과 좋아하는 것	

2. 캐릭터의 특징을 살려서 캐릭터의 일대기를 간략하게 써 보세요.

3. 캐릭터의 일대기 중 한 장면을 골라 특징이 잘 드러나게 소설의 인물소개 장면을 써 보세요.

3. 문학작품 쓰기 수행평가 예제

1) 삶을 성찰하는 글쓰기 (휘문중)

평가 영역	쓰기	관련 단원	3. 우리의 삶과 글	평가 시기	6월 말
성취 기준	자신의 삶과 경험을 바탕으로 하여 독자에게 감동이나 즐거움을 주는 글을 쓴다.				
성취 수준	상	자신의 삶을 성찰한 것을 주제로 하여 사건이나 행동, 생각이나 느낌을 진솔하고 창의적으로 표현한, 독자에게 감동과 즐거움을 주는 글을 쓸 수 있다.			
	중	자신의 삶을 성찰한 것을 주제로 하여 사건이나 행동, 생각이나 느낌을 진솔하게 표현한, 독자에게 감동이나 즐거움을 주는 글을 쓸 수 있다.			
	하	자신의 삶을 성찰한 것을 주제로 하여 사건이나 행동, 생각이나 느낌을 표현한 글을 쓸 수 있다.			
평가 방법	평가 유형	☐ 서술　☑ 논술　☐ 구술　☐ 토의·토론 ☐ 포트폴리오　☐ 프로젝트　☐ 실험·실습　☐ 기타			
	평가 주체	☑ 교사평가　☐ 자기 평가　☐ 동료 평가			
	평가 방식	☐ 모둠별 수행　☑ 개인별 수행			
평가 내용	반영 비율	50점 (20%)			
	세부 평가 기준	수행 과제	자신의 삶을 성찰하여 독자에게 감동과 즐거움을 주는 글을 쓴다.		

평가수준 (채점기준)	평가 내용 자신의 삶을 성찰하여 독자에게 감동과 즐거움을 주는 글을 쓸 수 있는가?
50	자신의 삶을 성찰한 것을 바탕으로 쓴 글에 진솔함과 창의성이 묻어나며, 독자에게 감동과 즐거움을 주는 글을, 제시된 분량 요건을 충족하여 작성함.
45	자신의 삶을 성찰한 것을 바탕으로 쓴 글에 진솔함 혹은 창의성이 묻어나며, 독자에게 감동과 즐거움을 주는 글을, 제시된 분량 요건을 충족하여 작성함.
40	자신의 삶을 성찰한 것을 바탕으로, 제시된 분량 요건을 충족하는 글을 작성함.
35	글을 작성하였으나, 제시된 분량 요건을 충족하지 못하는 글을 작성함.
30	평가 불응 또는 백지 제출

 꿀샘의 꿀팁!

　자신의 삶 중에서 독자에게 감동을 주는 경험을 쓰는 평가이다. 내 삶에서 어떤 경험이 사람들의 마음을 움직일까? 매일 반복되는 일상에서 특별한 일은 많지 않다. 내가 느끼는 감정이나 경험도 폭이 넓지 않다. 내 경험이 과연 누군가를 울고 웃게 할 수 있을까? 고민스러워 글쓰기를 두려워하는 아이들이 많을 것이다. 하지만 감동이란 커다랗고 거창한 경험에서만 얻을 수 있는 것은 아니다. 원래 사람의 마음을 움직이는 것은 사소하고 작은 일이다. '나도 저런 경험이 있었지. 저렇게 느낀 적이 있었지.'라는 공감이 중요하다. 그런 공감은 나만이 겪은 특별한 경험에서 느낄 수 없다. 너도나도 느끼는 반복하고 지루한 일상에서 느끼는 것이 공감이다. 하지만 아이들은 이 사실을 잘 모른다.

　일기를 쓰라고 하면 아이들이 힘들어하는 부분이 이것이다. 오늘 특별히 한 일이 없는데 무슨 내용으로 일기를 쓰냐고 짜증을 부리는 아이들이 많다. 일기는 이벤트를 기록하는 것이 아니다. 소소한 일상에서 자신이 느낀 어떤 감정이어도 좋다. 그 일화에서 느낀 점이 있다면 일기의 소재로 충분하다. 하지만 아이들은 특별한 것을 원한다. 그래서 일기도 그렇게 쓰기 힘들어하는 것이다.

　나의 삶의 이야기를 쓰고자 할 때 특별한 경험이라는 틀에서 벗어나야 한다. 아무도 누려보지 못한 일상에서 공감을 얻기는 어렵다는 사실에서 출발하는 거다. 이 일상의 경험을 가만히 들여다보면 거기서 느껴지는 느낌들이 있다. 그것을 세세하게 바라보고 표현해 보자. 그런 작은 경험의 표현들이 독자에게는 더 큰 감동을 줄 수 있음이다. '세상 사람은 비슷하게 생각하는구나. 나만 이상한 게 아니구나' 싶어 가슴이 편안해지고 따뜻해질 것이다. 그러니 두려워하지 말고 자신의 작고 작은 깨달음을 적을 수 있도록 하자. 그 경험이 사람들의 마음을 움직일 것이다.

제5장 **문학작품 쓰기** | 157

【수행평가 문제】

1. 나의 실제 경험에서 가장 감동적인 한 장면을 적어 보세요.

2. 감동적인 이유와 그 경험의 여운에 대해 적어 보세요.

3. 그 경험이 앞으로 삶에 어떤 영향을 미칠지 적어 보세요.

4. 나의 삶에서 가장 감동적인 경험에 대한 글을 써 보세요.

2) 시 창작 (목일중)

가) 교육과정 성취 기준과 평가 기준

교육과정 성취 기준		평가 기준
비유와 상징의 표현 효과를 바탕으로 작품을 수용하고 생산한다.	상	여러 갈래의 작품에서 비유와 상징의 표현 효과를 주체적으로 수용하고 이를 활용하여 자신의 생각이나 느낌을 창의적으로 표현할 수 있다.
	중	비유와 상징 표현의 효과에 주목하여 작품을 감상하고 자신의 생각이나 느낌을 비유와 상징을 통해 표현할 수 있다.
	하	자신의 생각이나 느낌을 비유와 상징을 통해 부분적으로 표현할 수 있다.

나) 평가 내용 및 채점 기준

평가 영역	평가 내용	평가 기준
시 창작 (문학)	1. 비유나 상징의 예를 찾고, 표현 효과를 이해하도록 한다. 2. 다양한 비유 및 상징을 효과적으로 사용하여 자신의 생각이나 느낌을 시로 표현하게 한다. 3. 친구들의 작품을 살펴보며, 비유나 상징이 사용된 부분을 찾게 하고, 해당 부분이 시 감상에 미치는 효과를 파악하도록 한다.	1. 비유와 상징에 대해 정확하게 이해하였는가? 2. 시를 완성도 있게 창작하였는가? 3. 다양한 표현 방법을 적절하게 활용하였는가? 4. 친구들의 작품을 적극적인 태도로 감상하고 평가하였는가?

꿀샘의 꿀팁!

　학교생활에서 인상적인 경험을 바탕으로 시를 쓰는 수행평가다. 이 수행평가에서는 실제로 인상적인 경험보다 더 중요하게 평가되는 것이 있다. 비유와 상징을 사용하는 것이다. 학교생활은 대부분 학생이 시작과 끝 종에 따라 수업을 진행한다. 점심시간이 되면 식사를 하고, 쉬는 시간에는 잠깐의 휴식을 취한다. 학교생활을 주제로 주었을 경우 거의 모든 학생들이 점심이나 쉬는 시간 또는 체육이나 음악 시간 등의 제목으로 시를 쓴다. 그래서 변별력이 거의 없다. 변별력이 있게 하려면 같은 내용을 다루더라도 그 시 안에 얼마나 참신한 표현의 비유와 상징이 들어 있는지를 본다.

좋은 시의 조건을 다 만족시키는 시를 쓰는 학생도 거의 없다. 발상이 새롭거나 재미있는 경우가 있다. 괜찮다는 생각을 가지고 쓰되 비유나 상징을 적절하게 사용하면 된다. 비유는 ~처럼, 같이, 인 양, 듯이 등을 사용하는 직유법을 사용하라. 사물을 인간처럼 표현하는 의인법을 많이 사용하면 좋다. 조금 어렵긴 하지만 자신만의 상징을 사용하여 학교생활을 표현해도 좋은 점수를 받을 수 있다. 보통은 상징이 어렵기 때문에 비유를 많이 사용한다.

【수행평가 문제】

* 적절한 비유나 상징을 사용하여 나의 학교생활에 대한 시를 한편 써보세요.

비유	표현하려는 대상을 직접 설명하지 않고 다른 비슷한 대상에 빗대어 표현하는 방식
상징	추상적인 것을 구체적인 사물로 표현하는 방식

좋은 시의 조건
- 발상이 독특하다. • 내용이 구체적이다. • 새로운 발견이나 깨달음이 있다.
- 표현이 재미있다. • 자신만의 생각이 담겨야 한다.

1. 나의 학교생활 중에서 인상적인 경험을 떠올려 보고, 그중에서 다른 사람과 나누고 싶은 경험을 한 가지 생각해 보세요.

인상적인 경험

다른 사람과 나누고 싶은 경험

2. 위 내용을 바탕으로 시를 써 보세요.

3) 주제가 있는 시화전 (세화여중)

영역	관련 단원	교육과정 성취기준	평가 항목	평가 기준
문학 듣기 말하기 쓰기	1. 마음을 움직이는 글	비유와 상징의 표현 효과를 바탕으로 작품을 수용하고 생산한다.	지식	비유의 개념과 효과를 정확하게 아는가? 상징의 개념과 효과를 정확하게 아는가?
			적용	자신이 표현하고 싶은 것을 비유, 상징으로 나타낼 수 있는가? 삶의 모습을 비유, 상징을 활용해서 참신하게 표현할 수 있는가?
			성실성	작품 구상 및 계획서를 꼼꼼히 작성하였는가? 꾸미기(그림) 방식이 작품의 주제를 잘 나타냈는가?
			평가 방법	☑ 서술·논술 ☑ 구술·발표 ☑ 포트폴리오 ☑ 교사 관찰 및 기록 ☑ 동료평가

꿀샘의 꿀팁!

좋은 시는 조건이 있다. 발상이 독특하고 내용이 구체적이다. 새로운 발견이나 깨달음이 있다. 표현이 재미있다. 자신만의 생각이 담겨 있다. 이러한 조건을 갖춘 시를 좋은 시라고 평가한다. 이 중에서 비유와 상징을 사용하는 것은 특별히 표현에 의미를 둔 작법이다. 문제의 조건이 비유나 상징이기 때문에 이를 잘 활용하는 것이 우선이다. 하지만 뼈대가 튼튼하지 않으면 멋진 집이 완성될 수 없다. 나머지 조건들을 두루 갖추고 비유와 상징이 도드라질 때 멋진 시가 될 것이다.

발상이 독특하거나 새로운 발견이나 깨달음이 드러나려면 흔히 말하는 창의력이 발휘되어야 한다. 평소 창의력이 전혀 없는 학생이라 생각했다면 난감할 것이다. 하지만 걱정하지 말라. 창의력은 정말 엉뚱한 생각에서 시작한다. '내 마음은 호수'라는 표현처럼 말이다. 내 마음과 호수는 접점이 하나도 없다. 하지만 그것을 갖다붙여 시를 만들었다. 이 시는 오랫동안 명시로 불린다. 시란 그런 것이다. 접점이 하나도 없는 것의 연결에서 시가 시작된다. 뜬금없는 표현도 용인되는 것이 시란 장르다. 그러니 전혀 두려워할 필요가 없다. '나는 호랑이다.'라고 해도 이상하다고 생각하지 않는다. 내가 왜 호랑이인지, 닮은 점이 무엇인지 써내려가면 그만이다. 창의력이 없다고 걱정하지 마라. 창의력을 키우는 가장 좋은 분야가 시 쓰기다. 그러니 두려워말고 나의 생각을 마음껏 적어 내려가라. 다만 시의 구조나 운율을 살려 시의 특성에 맞게 써라. 좋은 시가 될 것이다.

【수행평가 문제】

1. 학교 생활과 관련된 시를 비유와 상징을 활용하여 써 보세요.

4) 소설을 시로 각색하기 (휘문중)

교육과정 성취 기준	평가 기준	
자신의 삶과 경험을 바탕으로 하여 독자에게 감동이나 즐거움을 주는 글을 쓴다. 갈등의 진행과 해결 과정에 유의하며 작품을 감상한다.	상	소설의 갈등의 양상을 잘 이해하여 사건이나 행동, 생각이나 느낌을 진솔하고 창의적으로 표현한, 독자에게 감동과 즐거움을 주는 글을 쓸 수 있다.
	중	소설의 갈등의 양상을 잘 이해하여 사건이나 행동, 생각이나 느낌을 진솔하게 표현한, 독자에게 감동이나 즐거움을 주는 글을 쓸 수 있다.
	하	소설의 갈등의 양상을 잘 이해하여 사건이나 행동, 생각이나 느낌을 표현한 글을 쓸 수 있다.

평가 영역	평가 항목	평가 내용	평가 수준(채점 기준)			
			A	B	C	D
쓰기	표현	소설의 갈등의 양상을 잘 이해하여 사건이나 행동, 생각이나 느낌을 진솔하고 창의적으로 표현하여 독자에게 감동과 즐거움을 주는 글을 쓸 수 있는가?	소설의 갈등의 양상을 잘 이해하여 쓴 글에 진솔함과 창의성이 묻어나며, 독자에게 감동과 즐거움을 주는 글을, 제시된 분량 요건을 충족하여 작성함.	소설의 갈등의 양상을 잘 이해하여 쓴 글에 진솔함 혹은 창의성이 묻어나며, 독자에게 감동과 즐거움을 주는 글을, 제시된 분량 요건을 충족하여 작성함.	소설의 갈등의 양상을 잘 이해하여, 제시된 분량 요건을 충족하는 글을 작성함.	글을 작성하였으나, 제시된 분량 요건을 충족하지 못하는 글을 작성함.

꿀샘의 꿀팁!

시를 창작하라고 수행평가를 낼 경우 학생들이 어려워하는 경우가 많다. 아니면 너무 쉽게 생각한다. 5분 안에 써내는 학생들이 있는가 하면 한 시간 내내 꼬박 생각만 하다가 써내지 못하는 학생들도 많다. 그래서 소재를 주는 방식으로 시를 쓰게 하는 경우가 있다. 소설을 시로 각색하는 경우가 그에 해당한다. 소설 속 인물의 상황이나 감정을 정한 후 그 인물이 되어 상상의 나래로 시를 써 보는 경우이다. 소설 속 인물에게 감정이입을 하고 비유나 상징을 사용하여 시를 써 보는 것이다. 학생들이 소설을 많이 접하지 않기 때문에 한 소설을 제시한다. 그 소설 안에서 상황을 찾아보고 시를 창작하도록 도와야 한다. 소재가 너무 광

범위하면 읽는 사람들도 공감이 되지 않기에 같은 소설 속 다른 상황과 다른 감정으로 시를 써 보게 한다. 그래야 다양한 시들이 나와서 서로 공감하기에도 좋고 평가하기에도 어려움이 없다. 특히나 성장 소설은 학생들이 느끼는 감정들을 솔직하게 다룬 내용들도 많다. 아이들이 공감하는 부분들도 있어 시로 바꾸기에 조금 더 수월하다고 볼 수 있다.

【수행평가 문제】

1. 성장 소설 중 하나를 선택하여 비유나 상징을 넣은 시로 각색해 보세요.

> 소설을 시로 각색하려면
> 소설의 내용 중에서 시로 각색하기에 알맞은 내용을 정한다.
> 시의 특색을 살려 표현할 수 있는 방법을 모색한다.
> 시의 특징: 시인의 사상과 정서를 운율이 있는 언어로 압축하여 표현한 언어 예술

* 소설명:
* 각색할 부분

* 시로 각색하기

5) 수필 쓰기 (숭문중)

단원명	평가 주제	핵심 성취 기준	평가 모형
표현의 즐거움	수필 쓰기	자신의 삶과 경험을 바탕으로 하여 독자에게 감동이나 즐거움을 주는 글을 쓸 수 있다.	자신의 경험 중 감동이나 즐거움을 줄 수 있는 내용을 선정하여 수필로 표현하기

꿀샘의 꿀팁!

　수필 쓰기 수행평가다. 수필은 자기 일상에서 일어난 일을 담담하게 그려내는 문학 장르다. 자신의 경험 중에서 감동이나 즐거움을 줄 수 있는 내용을 선정하여 써 보는 것이다. 잘 쓴 수필은 진솔하다. 자신의 감정을 숨기지 않는다. 남에게 잘 보이기 위해 감정을 부풀리지 않는다. 그저 느낀 점을 담담히 풀어낸다. 내 안에 남 보기에 좋지 않은 감정일지라도 숨기지 않는다. 그것이 진실한 글의 첫 번째 힘이다. 너무 꾸미거나 아름답게 쓴 글이 감동을 줄 거라고 생각한다면 부자연스러운 글을 쓰기 쉽다. 꾸민 감정은 쉽게 드러난다. 일상생활에서 느끼는 작은 감정이라도 좋다. 읽는 사람에게 공감을 줄 수 있는 것은 그런 경험이고 글쓰기다. 친구를 질투했거나 갈팡질팡했던 경험을 솔직하게 써 보자. 남이 나를 시시하고 이상하게 볼 거라 두려워하지 말자. 다른 사람들도 똑같이 느낄 것이다. 다만 표현하지 않았을 뿐이다. 표현하는 용기를 가져 보라. 타인은 그럴 때 동질감은 느끼고 감동받는다.

　또한, 수필을 써나가며 자기 고찰의 시간을 가질 수 있다. 내 생각을 정리하고 내 모습을 받아들이는 데 도움이 된다. 내가 나 자신을 사랑하고 나를 인정하는 데 힘이 될 수 있다. 자기 치유를 해 주는 것, 그것이 글쓰기의 또 다른 힘이다. 내가 느끼는 감정들을 진솔하고 솔직하게 써 내려가다 보면 어느 순간 느낄 것이다. 그 깊었던 감정들이 말끔하게 정리되는 것을 말이다. 그때 그 순간에 자신의 마음에도 안정이 찾아온다. 그러므로 내가 경험한 일들, 강렬하게 감정을 느꼈던 것들을 솔직하게 써 보자. 이번 기회를 통해 글쓰기의 매력과 치유 능력을 경험하게 될 것이다.

【수행평가 문제】

1. 자신의 삶의 경험 중 감동적인 경험을 적어 보세요.

2. 그 경험 가운데서 재미있던 부분을 생각해서 적어 보세요.

3. 감동적이면서도 재미있던 자신의 경험에 대해 수필을 써 보세요.

6) 희곡 쓰기 (개원중)

- 수행 평가명: 한 학기 한 권 읽기 연극 수행 과정
- 평가 내용: 갈등 관계도 그리기 및 희곡 쓰기
- 성취 수준:

성취도	성취 수준
A	작품에 등장하는 인물의 갈등 관계를 이해하고 관계도를 그릴 수 있으며, 인물의 성격을 분석하여 주제를 파악함. 발단-전개-절정-하강-대단원의 구조를 알고 있고, 각 단계에 맞는 사건을 구성하여 희곡으로 표현함.
B	작품에 등장하는 인물의 갈등 관계를 이해하고 관계도를 그릴 수 있으며, 인물의 성격을 분석하여 주제를 파악함. 발단-전개-절정-하강-대단원의 구조를 알고 있으며 사건과 사건을 연결하여 희곡으로 표현함.
C	작품에 등장하는 인물의 갈등 관계를 이해하고 관계도를 그릴 수 있으며, 주제를 파악함. 발단-전개-절정-하강-대단원의 구조를 알고 있으며 사건과 사건을 연결하여 희곡으로 표현함.
D	작품에 등장하는 인물을 알 수 있으며 주제를 단어로 말함. 발단-전개-절정-하강-대단원의 구조를 알고 있으나 사건을 나열하여 희곡으로 표현함.
E	작품에 등장하는 인물을 알 수 있으며 주제를 파악하기 어려움. 발단-전개-절정-하강-대단원의 구조를 알고 있으나 희곡으로 표현하는 데 어려움.

- 평가 기준:

평가 항목	평가 내용	평가 수준(채점 기준)		
		잘함	보통임	노력 요함
독서 활동	작품의 주제를 파악하고 갈등 관계를 이해하여 인물의 성격을 그려 낼 수 있는가?	작품에 등장하는 인물의 갈등 관계를 이해하고 관계도를 그릴 수 있으며 인물의 성격을 분석하여 주제를 파악함.	작품에 등장하는 인물의 갈등 관계를 이해하고 관계도를 그릴 수 있으며 주제를 파악함.	작품에 등장하는 인물을 알 수 있으며 주제를 단어로 말함.
희곡 쓰기	작품을 재구성하여 각색하고 희곡을 쓸 수 있는가?	발단-전개-절정-하강 대단원의 구조를 알고 있고, 각 단계에 맞는 사건을 구성하여 희곡으로 표현함.	발단-전개-절정-하강 대단원의 구조를 알고 있으며 사건과 사건을 연결하여 희곡으로 표현함.	발단-전개-절정-하강 대단원의 구조를 알고 있으나 사건을 나열하여 희곡으로 표현함.

 꿀샘의 꿀팁!

　한 학기 동안 수행되는 과정을 평가하는 수행평가이다. 한 학기 학 작품 읽기 과정 평가로 진행하는 게 적절하다. 아이들과 집에서 해 볼 경우에는 일단 책을 한 권 선정한다. 일정한 시간에 그 책을 읽도록 한다. 이때 같이 책 읽는 시간을 갖는 게 좋다. '너는 책을 읽어라, 나는 핸드폰을 할게'라는 자세는 상당히 아이들에게 거부감을 주는 행동이다. 왜 신사임당이 위대한 어머니가 되었는지를 생각해 보면 알 수 있다. 책을 읽는 율곡 옆에서 항상 함께 했다는 것이 중요하다.

　일단 책을 읽은 다음(책은 소설이 적합하다) 등장인물의 성격을 분석해 본다. 등장인물의 성격을 분석한 다음, 인물과 인물 간의 갈등이 무엇인지, 또는 인물의 내적 갈등이 무엇인지 이야기 나눈다. 또 인물과 사회적 갈등이 무엇인지 찾아보게 한다. 그 갈등이 어떻게 해결되었는지, 해결되지 않고 어떻게 되었는지도 찾아보게 한다.

　그다음으로 갈등 관계도를 그림으로 그리면서 설명해 보라고 한다. 줄거리를 넣어서 갈등 관계를 이야기하면서 그림을 그리라고 하자. 그림의 완성도를 떠나서 신나게 이야기할 수 있도록 호응을 잘해 주면서 잘 들어 주면 된다.

　마지막 과정으로 갈등 장면 중 하나를 골라 희곡으로 각색하도록 한다. 대사와 지문 그리고 해설을 넣어서 희곡으로 각색하도록 도우면 된다. 아이들이 쉽게 이해하지 못할 경우 드라마의 갈등 상황을 잠시 보여 주면 좋다. 그런 장면처럼 희곡으로 각색해 보도록 유도해 보자.

　한 학기 한 권 읽기는 매학년, 매학기에 있고, 늘 수행평가가 진행된다. 독서가 부족한 학생들을 위해 꼭 필요한 과정이니 이런 방식의 평가에 익숙해질 필요가 있다.

【수행평가 문제】

1. 갈등 관계도를 그리고 희곡을 써보세요.

> 현대 소설 중 한 작품을 선정하여 작품의 갈등 관계도를 그리고, 하나의 갈등 상황을 희곡으로 각색해 보세요.

* 인물의 성격 분석하기

주요 등장인물	성격

* 작품에 등장하는 인물의 갈등 관계 이해하기

언제 어디서 있었던 갈등인가요?	
누구와 왜 갈등이 발생했나요?	
어떻게 갈등이 해결되었나요?	

* 갈등 관계도를 그림으로 표현하기

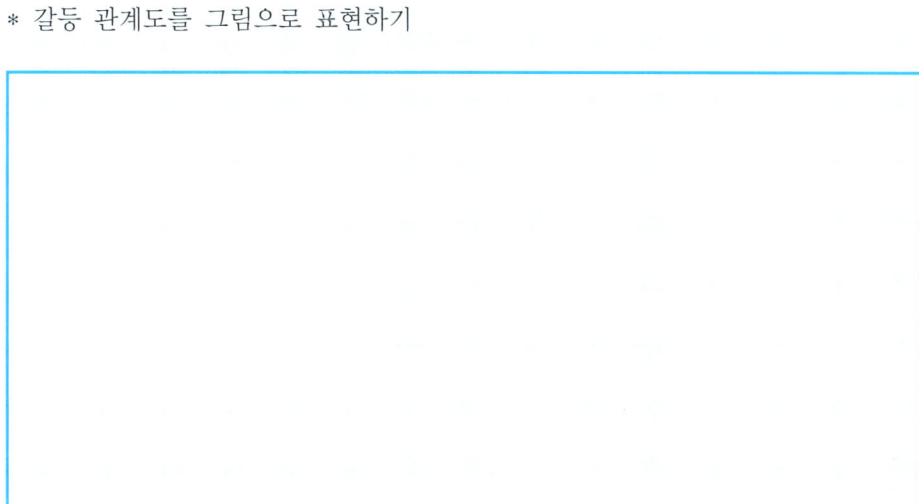

* 희곡으로 각색할 갈등 상황

* 희곡으로 각색하기

7) 시인 탐구 보고서 (은성중)

단원명	(1-2) 함께 성장하는 우리			
평가 내용	문학 인물(시인) 탐구 보고서 쓰기		평가 시기	2학기
성취 기준 및 성취 수준	핵심 정보가 잘 드러나도록 내용을 구성하여 발표한다. 대상의 특성에 맞는 설명 방법을 사용하여 글을 쓴다. 다양한 자료에서 내용을 선정하여 통일성을 갖춘 글을 쓴다.	상	핵심적인 정보를 선별하여 내용을 통일성 있게 구성하고 청중이 알기 쉽도록 중요한 내용을 강조하여 발표할 수 있다. 설명하고자 하는 사물, 인물, 개념, 사건 등의 특성에 적합한 설명 방법을 사용하여 설명 대상이 효과적으로 드러나도록 글을 쓸 수 있다. 다양한 자료에서 적절한 내용을 풍부하게 선정하고, 통일성을 갖추어 주제가 명료하게 드러나도록 글을 쓸 수 있다.	
		중	핵심적인 정보가 드러나도록 내용을 구성하고 청중이 알기 쉽도록 내용을 발표할 수 있다. 설명하고자 하는 사물, 인물, 개념, 사건 등의 특성에 적합한 설명 방법을 사용하여 글을 쓸 수 있다. 다양한 자료에서 적절한 내용을 선정하여 통일성을 갖춘 글을 쓸 수 있다.	
		하	발표 주제와 관련한 내용을 수집하여 발표할 수 있다. 설명하고자 하는 사물, 인물, 개념, 사건 등의 특성에 부분적으로 적합한 설명 방법을 사용하여 글을 쓸 수 있다. 다양한 자료에서 내용을 선정하여 부분적으로 통일성을 갖춘 글을 쓸 수 있다.	
핵심 역량	☐ 자기 관리 ☑ 심미적 감성	☑ 지식 정보 처리 ☑ 의사소통		☑ 창의적 사고 ☐ 공동체
교과 역량	☑ 문화 향유 ☑ 자료·정보 활용	☐ 공동체·대인 관계 ☑ 자기 성찰·계발		☑ 비판적·창의적 사고 ☑ 의사소통
평가 방법	☐ 서술·논술 ☐ 포트폴리오	☑ 구술·발표 ☑ 자기 평가	☐ 토의·토론 ☑ 동료 평가	☐ 프로젝트 ☑ 관찰 평가 ☐ 실험·실습 ☑ 기타

평가 요소		채점 기준		
		상	중	하
내용 및 구성	핵심적인 정보가 잘 드러나도록 내용을 구성하여 자료를 효과적으로 전달하였는가?	핵심적인 정보를 선별하여 내용을 통일성 있게 구성하고 청중이 알기 쉽도록 중요한 내용을 강조하여 효과적으로 구성하였다.	핵심적인 정보가 드러나도록 내용을 구성하고 청중이 알기 쉽도록 내용을 구성하였다.	발표 주제와 관련한 정보를 수집하여 내용을 구성하였으나, 청중이 중요한 내용을 쉽게 알 수 있도록 구성하여 전달하는 능력이 다소 부족하였다.
표현	문학 인물(시인)에 맞는 다양한 자료를 조사한 후 적절한 내용을 선정하고, 통일성을 갖춘 보고서를 작성하였는가?	문학 인물(시인)의 특성에 맞는 핵심 정보가 잘 드러날 수 있도록 다양한 자료를 조사한 후 적절한 내용을 선정하여 통일성을 갖춘 보고서를 제작하여 완성하였다.	문학 인물(시인)에 맞는 핵심 정보가 드러날 수 있도록 다양한 자료를 조사한 후 적절한 내용을 선정하여 보고서를 완성하였다.	문학 인물(시인)에 맞는 자료를 조사한 후 보고서를 작성하였으나, 핵심 정보가 부족한 보고서를 제작하였다.
태도	성실하고 능동적인 태도로 참여하여 발표하였는가?	'탐구 보고서 쓰기' 활동 전 과정에 성실하고 능동적인 태도로 참여하여 주어진 형식에 맞게 매우 우수한 보고서를 제작하여 발표하였다.	'탐구 보고서 쓰기' 활동에 참여하여 주어진 형식에 맞게 보고서를 제작하여 발표하였다.	'탐구 보고서 쓰기' 활동에 참여하였으나, 주어진 형식에 맞게 보고서를 제작하는데 어려움을 겪었으며, 활동마다 참여하는 태도가 다름.

 **꿀샘의 꿀팁!**

　적절한 설명 방법을 사용하여 통일성을 갖춘 글을 쓰고 그 설명문을 발표하는 형식의 성취 기준 3개가 연결된 수행평가이다. 국어과에서 가장 많이 택하는 방식이다. 설명 방법을 배우고 정의, 예시, 비교, 분류, 분석 등의 방법을 사용하여 통일성을 갖춘 글을 쓰기 위해서 주제를 제한하였다. 시인에 대한 탐구 보고서를 쓰게 하는 것이다. 시인의 생애와 시인이 만난 인물과 사건, 작품에 대한 설명까지 다양한 설명 방식으로 설명한다. 그 설명문을 발표로까지 연결하여 통합적으로 평가하는 방식이다.

　교실에서 수행평가를 하다 보면 한 번도 수업 시간에 발표를 해 보지 않은 학생을 만나게 되기도 한다. 중학교는 수행평가가 점수로 반영되기 때문에 모둠으로만 수업을 진행하고 그 안에 묻어서 발표하는 경우가 있다. 혼자서 자신이 쓴 글을 발표하는 상황들도 많기 때문에 적합한 목소리의 성량과 속도로 발표하는 연습을 해야 한다. 보통 학생들이 발표할 때 목소리가 너무 작아서 들리지 않는 경우가 많아 목소리가 작은 친구들은 동료 평가에서 낮은 점수를 받는 경우가 많다. 발표 태도에 대해서도 역할을 바꿔가며 연습해 보면 도움이 될 것이다.

【수행평가 문제】

1. 문학 인물(시인) 탐구 보고서를 써 보세요.

> 자신이 좋아하는 시인을 선정하여 그 인물의 특성이 드러나도록 적절한 설명 방법을 사용하여 문학 인물 탐구 보고서를 작성해 보세요.

탐구 보고서를 쓰기 전
* 인물의 전체적인 삶 파악하기
* 인물의 삶에서 핵심적인 사건이나 인물, 작품 정리하기

　　　　　　시인 (　　　　　)에 대한 탐구 보고서 쓰고 발표하기

8) 시화 만들기 (신동중)

단원명	성취 기준	지도 내용	수업 모형
인성교육 및 어울림 교육	비유와 상징의 표현 효과를 바탕으로 작품을 수용하고 생산한다.	타인 이해를 바탕으로 한 시화 만들기	참여, 이해, 배려

평가 단원	1학기	1. 봄, 비, 사람 (1) 포근한 봄 / 평가 시기(횟수) 4~7월
평가 방법	□ 관찰 평가　□ 면담 평가　□ 보고서 평가　□ 프로젝트 평가 ☑ 포트폴리오 평가　☑ 글쓰기 평가　□ 형성 평가 □ 기타(논술 평가, 동료 평가, 자기 성찰 평가 등)　☑ 개인 활동 평가 □ 모둠활동 평가	
성취 기준 (수업 목표)	비유의 표현 효과를 바탕으로 작품을 수용하고 생산한다.	
평가 요소	시에 나타난 비유의 표현을 이해하고 작품을 감상하며 국어로 형성·계승되는 다양한 문화를 이해하고 그 아름다움과 가치를 내면화할 수 있다. 또한, 자신의 삶과 경험을 진지하게 성찰하고, 자신의 생각과 느낌을 비유를 통해 효과적으로 표현하며 수준 높은 문화를 향유·생산할 수 있다. ① 비유의 표현 방법과 효과를 이해할 수 있다. ② 비유를 활용하여 자신의 생각이나 느낌, 경험을 표현할 수 있다.	
행동 영역	□지식　☑이해　☑적용　□분석　☑종합	
평가 기준 (학기 말 교과 학습발달 상황 서술을 위한 참고 자료임)	상	자신을 둘러싼 주변과 경험을 바탕으로 글감을 찾고 자신의 이야기하고 싶은 주제를 잘 정리하여 시의 내용을 구성하고 비유를 활용하여 자신의 생각이나 느낌, 경험을 효과적으로 표현함.
	중	자신을 둘러싼 주변과 경험을 바탕으로 글감을 찾아 자신이 이야기하고 싶은 주제로 시의 내용을 구성하고 비유를 활용하여 자신의 생각이나 느낌, 경험을 표현함.
	하	자신을 둘러싼 주변과 경험을 바탕으로 글감을 찾아 시의 내용을 구성하고 비유를 활용하여 자신의 생각이나 느낌, 경험을 표현하는데 어려움을 겪음.

꿀샘의 꿀팁!

그 무엇보다 아이들의 상상력을 마음껏 펼칠 수 있는 분야가 시 쓰기이다. 내 마음을 호수라고 해도 좋고, 바다라고 해도 좋고, 개울이라고 해도 뭐라 할 수 없다. 시적 상상력이 발휘되기 때문이다. 시적 상상력을 잘 드러내기 위해서는 우선 주제나 소재 선택에 신중한 것이 좋다. 자신의 경험 중에서 감동적이었거나 마음이 따뜻했던 특별한 경험을 선별하여 소재를 삼으면 좋다. 그 경험을 통해 드러내고 싶은 것이 무엇인지 주제를 명확히 할 때 시 쓰기가 시작된다. 경험을 비유를 통해 드러내되 주제를 잘 표현할 수 있는 비유를 사용한다. 비유를 잘하기 위해서는 낯설게 하기 방법을 자주 쓰면 좋다. 평소 대화나 일상생활에서 "나는 네가 솜사탕 같아. 왜냐하면 너는 부드럽고 말랑말랑해. 빈틈이 많아서 발전 가능성이 크거든." 이런 식의 전혀 다른 것들을 연결해 보는 경험이 도움이 된다. 늘 보던 것들을 보던 방식으로 생각하다 보면 비유를 만들어 내기 쉽지 않다. 그런 과정에서 창의성도 기르기 어렵다. 비유를 사용하기 위해서는 전혀 다른 분야의 것들을 연결시켜 보면 좋다. 과학 용어와 나를 연결하면 전혀 색다른 내 모습을 드러낼 수 있는 것처럼 말이다. 그런 부분에서 시가 어렵기도 하지만, 아이에게 흥미를 줄 수 있고 정신적인 자유를 줄 수 있는 즐거운 작업이 될 것이다.

【수행평가 문제】

1. 자신의 경험 중 특별하고 감동적인 경험을 떠올려 적어 보세요.

2. 그 경험 중에서 드러내고 싶은 주제를 정리해 보세요.

3. 주제나 잘 드러날 수 있도록 비유를 사용하여 경험을 소재로 한 시를 써 보세요.

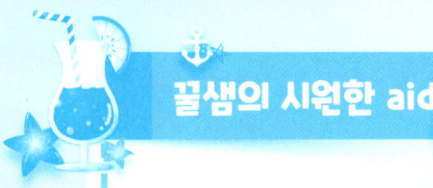

글쓰기에 앞서 글을 쓰는 차례가 있나요?

　글을 잘 쓰는 사람은 어떤 사람일까요? 처음부터 막 쓰는 사람일까요? 그렇지 않아요. 글을 잘 쓰는 사람은 가장 먼저 자료를 많이 수집하는 사람이에요. 많은 자료를 가지고 있다면 좋은 글을 쓸 확률이 높지요.
　또한, 글을 잘 쓰려면 먼저 뼈대부터 구성을 잘해야 해요. 우리 인체를 구성하고 있는 뼈대가 있고 그 위를 근육이 감싸고 있죠. 글도 뼈대가 탄탄하게 구성이 되어 있어야 좋은 글을 쓸 수가 있어요. 주제를 정하고 나면 어떤 뼈대로 구성할지 고민을 먼저 하고 그 뒤에 자료를 모으면 더 좋겠지요.

좋은 글의 평가 기준은 무엇일까요?

　좋은 글은 여러 가지 기준을 가질 수 있어요. 가장 먼저 쉬운 글이어야 해요. 열심히 읽었는데 무슨 뜻인지 알 수 없다면 그건 좋은 글이라고 할 수 없어요. 또한, 정확한 정보를 담고 있어야 해요. 글에 정확하지 않은 정보를 담고 있다면 그 글은 신뢰할 수 없는 글이 되겠지요. 그런 의미에서 출처도 정확하게 밝히고, 거짓 정보를 담고 있으면 안 되겠죠? 마지막으로 좋은 글에는 진정성이 있어야 해요. 글을 쓰는 본인의 내면에서부터 우러나오는 글이어야 읽는 사람도 그 글에서 감동을 느끼게 되거든요. 진심을 담아 쓰는 글은 서툴러도 훌륭한 글이 된답니다.

재미있는 글 쓰기

06 CHAPTER

Chapter 6. 재미있는 글쓰기

1. 재미있는 글쓰기 주제 수행평가

수행평가 중에서 아이들이 가장 흥미를 가질 수 있는 부분이 다양한 영역의 글쓰기다. 비교적 아이들에게 흥미롭고 관심을 끌 수 있는 무겁지 않은 소재와 영역들이 다뤄지기 때문이다. 대부분 다소 가볍게 즐겁게 작성할 수 있는 소재가 주어진다.

아이들은 무슨 주제든 일단 글쓰기라면 부담스러워 한다. 글을 쓰는 것 자체로 평가한다는 것을 부담스러워 한다. 하지만 다양한 소재와 형식의 글쓰기는 아이들 평생에 꼭 필요한 연습이다. 대학에서나 취업해서도, 연애하거나 가정을 꾸리면서 자기 생각을 조리 있게 혹은 아름답게 표현하는 것은 꼭 필요하다. 피하려야 피할 수 없는 주제이다. 수행평가 때 다양한 주제의 글쓰기가 주어지더라도 당황하지 않고 글을 쓸 수 있도록 연습하면 좋다.

이런 연습에 반드시 선행되어야 할 것이 다양한 주제에 대해 생각하는 연습이다. 한 번도 생각해 보지 않은 주제로 주어진 시간에 글을 만들어 내는 것은 불가능하다. 아이가 다양한 주제에 대해 다뤄 보았을 때 응용력이나 대처력도 생긴다. 머릿속에 어느 정도 생각해 본 주제여야 글로 엮어낼 수 있다. 평소에 아이들과 신문이나 뉴스 혹은 일상생활, 부모의 직장생활에 대해서 이야기를 나누자. 다양하게 대화를 많이 나눈 가정의 아이들이 글도 잘 쓴다. 아이들과 자주 대화하라. 글도 잘 쓰고 생각도 논리적인 아이로 자랄 것이 분명하다.

2. 초등학교 다양한 글쓰기 수행평가 연습

1) 광고 비판하기 (경기초)

단원	평가 내용	영역	평가 방법	평가 기준			
				매우 잘함	잘함	보통	노력 요함
6. 정보와 표현 판단하기	광고의 의도를 파악하고 신뢰성을 비판적으로 평가하기	읽기	서술형	광고의 의도를 정확하게 파악하고, 광고에서 과장되거나 감추고 있는 내용을 비판적으로 평가하여 찾을 수 있다.	광고의 의도를 파악하며, 과장되거나 감추고 있는 내용의 일부를 찾을 수 있다.	광고의 의도만을 파악하며, 과장되거나 감추고 있는 내용을 찾는 데는 어려움이 있다.	광고의 의도를 파악하지 못하며, 광고에서 과장되거나 감추고 있는 내용을 찾는 데 어려움이 있다.

 **꿀샘의 꿀팁!**

　현재 아이들이 가장 많이 접하고 있는 것은 유튜브이다. 유튜브에서의 광고는 짧고 강렬하다. 광고 하나를 골라서 의도를 파악하고 과장된 내용이나 감추고 있는 내용이 없는지 판단해 보는 수행평가이다. 이 수행평가를 하기 이전에 광고에 대한 대화를 하는 것이 필요하다. 광고는 과연 왜 하는 걸까? 광고를 통해 얻을 수 있는 이익은 과연 누구의 것인가? 광고가 필요한 이유는 무엇인가? 광고를 둘러싼 기업과 광고를 내보내는 미디어 사이의 관계를 먼저 파악하게 하라. 그후 이 수행평가를 진행한다면 좀 더 폭넓은 사고를 갖도록 도울 수 있다.

　또한, 요즘 미디어 리터러시가 강조되고 있는 시대이다. 미디어를 아무런 비판적인 사고 없이 그대로 수용하는 문제점에 대해 이야기해 보자. 미디어를 비판적으로 읽고, 쓸 수 있어야 한다. 자신의 생각을 미디어로 생산해 낼 수 있는 생산자로서의 모습까지 이야기해 보면 좋다.

【수행평가 문제】

1. 마음에 드는 광고 하나를 선택해서 내용을 설명해 보세요.

광고명	광고 내용	광고 콘셉트	눈길을 끄는 이유

2. 이 광고의 의도는 무엇인가요.

3. 광고에서 과장되거나 감추고 있는 내용은 없는지 찾아서 평가해 보세요.

과장된 내용	감추고 있는 내용

2) 영화 감상문 쓰기 (계성초)

영역	평가 단원 및 학습 목표			평가 척도 및 성취 수준		평가 유형
	단원	성취 기준	평가 내용	평가 척도	성취 수준	
쓰기	8. 작품으로 경험하기	체험한 일에 대한 감상이 드러나게 글을 쓴다.	자신의 생각이나 느낌을 담고 인상 깊은 말이나 장면이 드러나게 영화 감상문을 쓸수 있는가?	잘함	자신의 생각이나 느낌을 담고 인상 깊은 말이나 장면이 드러나게 영화 감상문을 잘 쓴다.	서술
				보통	자신의 생각이나 느낌을 담고 인상 깊은 말이나 장면이 드러나게 영화 감상문을 비교적 잘 쓴다.	
				노력 요함	자신의 생각이나 느낌을 담고 인상 깊은 말이나 장면이 드러나게 영화 감상문을 쓰지 못한다.	

 꿀샘의 꿀팁!

요즘 유튜브에서 가장 많은 조회수를 기록하는 내용 중 하나가 영화를 읽어 주는 콘텐츠다. 영화를 보고 난 후에도 관람자들은 영화 리뷰를 본다. 자신이 영화를 보면서 놓쳤던 부분이나 자신과 같은 생각을 공유하고 있는 감상을 나눈다. 들으면서 영화를 다시 한번 보는 즐거움을 누린다. 그래서 학생들도 같은 영화를 보더라도 각자가 다른 부분에서 다른 감동을 느끼게 된다. 그것을 모아서 함께 읽어 보면 내가 보지 못한 다른 부분을 이해하는 데 큰 도움을 받는다. 다양한 사람들의 다채로운 생각을 알아본다. 같은 부분에서 느끼는 다양한 감정들에 대한 이해를 한다. 사회를 살아가는 다양한 사람들을 이해하고 배려하는 마음을 기르게 된다.

집에서 함께 영화를 감상하고 난 이후에도 대화를 하라. 어떤 부분에서 감동적이었는지, 어떤 부분에서 화가 났는지 등등을 이야기해 보는 시간을 자주 갖게 하자. 그런 과정들을 통해 이런 형식의 수행평가가 어렵지 않게 느껴질 것이다. 그것에 흥미롭게 답하고 글을 쓸 수 있는 능력을 기르게 된다.

【수행평가 문제】

1. 좋아하는 영화 한 편을 선정하고 감상문을 작성해 보세요.

영화 제목	등장인물	영화 내용	영화를 본 느낌

2. 영화의 장면들을 정리해 보세요.

인상 깊었던 대사	인상 깊었던 장면

3. 위 내용을 바탕으로 영화 감상문을 작성해 보세요.

〈　　　　　　　　　〉 영화를 보고

3) 나의 장래 희망(영어)

영역	단원	성취 기준	성취 목표	평가 방법
쓰기	12. I Want to Be a Painter	실물이나 그림을 보고 한두 문장으로 표현할 수 있다.	도표와 글을 읽고 장래 희망을 쓸 수 있다.	지필 평가

꿀샘의 꿀팁!

 자신의 장래 희망을 영어로 한두 문장으로 완성하는 수행평가이다. 자신의 장래 희망을 직업으로 이야기하는 것이 정확하진 않지만 보통 그렇게 표현한다. 여기에 적힌 직업들을 영어로 쓸 수 있도록 연습해 두는 게 좋겠다. 영어로 쓸 수 없다면 영어 문장을 완성할 수 없다. 무작정 외우라고 하면 재미가 없으니 본인의 미래 직업은 어떤 걸 희망하는지 이야기해 보자. 주위 사람들 중에 위의 직업이 가장 어울리는 사람이 누구일지 상상해 보면서 단어를 익혀 보자.

【수행평가 문제】

1. 아래 표를 보고 나의 장래 희망에 대해 글을 써 보세요.

초중고 학생 장래 희망   2021. 6.

	초등학생	중학생	고등학생
1위	운동선수	교사	교사
2위	의사	의사	간호사
3위	교사	경찰관, 수사관	군인
4위	크리에이터	운동선수	컴퓨터공학자 소프트웨어개발자
5위	경찰관, 수사관	군인	경찰관, 수사관
6위	조리사	공무원	공무원
7위	프로게이머	조리사	의사
8위	배우, 모델	컴퓨터공학자 소프트웨어 개발자	생명과학자 및 연구원
9위	가수, 성악가	뷰티 디자이너	경영자, CEO
10위	법률 전문가	경영자, CEO	의료, 보건 관련직

나의 장래 희망

제6장 재미있는 글쓰기

4) 학교 행사 안내문 쓰기 (계성초)

영역	평가 단원 및 학습 목표			평가 척도 및 성취 수준		평가 유형
	단원	성취 기준	평가 내용	평가 척도	성취 수준	
쓰기	13. When is the school festival?	예시문을 참고하여 간단한 초대, 감사, 축하 등의 글을 쓸 수 있다.	예문을 참고하여 학교 행사 안내문을 쓸 수 있는가?	잘함	예문을 잘 이해하고, 이를 참고하여 학교 행사 안내문을 잘 쓸 수 있다.	서술
				보통	예문을 참고하여 학교 행사 안내문을 쓰기를 다소 어려워함.	
				노력 요함	예문을 잘 이해하지 못해 학교 행사 안내문을 쓰기를 어려워함.	

 꿀샘의 꿀팁!

　주어진 단어들을 이용하여 학교 행사를 안내문을 쓰는 수행평가이다. 영어 수행평가나 지필평가에서 자주 등장하는 유형이다. 일정한 단어들을 넣어서 문장을 완성하는 형태인데, 어순에 맞게 문장을 완성하는 것이 중요하다. 또한, 전치사 등을 제대로 사용하여 문장의 연결이 자연스러워야 한다. 영어 단어를 주고, 그 단어들을 통해 여러 종류의 문장을 완성하는 연습을 해보자. 이런 재미있고 창의적인 놀이를 자주 해 보는 게 높은 점수를 받을 수 있는 비법이다.

【수행평가 문제】

1. 학교 행사 안내문을 써 보세요.

   아래 글을 참고하여 학교 행사를 안내문을 써 봅시다.

예시문)

Let me introduce my school to you.
My school meal's are very delicious and I love my school's uniform.
There are many great teachers and lots of trustful friends here.
My school has two cafeterias.
My school has a playground in the yard.
My school's library has lots of good books.
You should visit my school one day.

5) 지구촌 갈등 (삼육초)

평가 영역	교과 목표	수행평가 단원	수행평가 요소	평가 방법
사회·공동체와의 관계	바람직한 통일의 올바른 과정을 이해하고, 통일을 이루려는 의지와 태도를 갖는다.	5. 우리가 꿈꾸는 통일 한국	바람직한 통일의 올바른 과정을 이해하고, 내가 할 수 있는 구체적인 일 계획하기	지필평가 서술평가

영역	단원	평가 요소	평가 기준	평점
일반 사회	2. 통일 한국의 미래와 지구촌의 평화	지구촌 갈등의 사례를 조사하여 원인과 문제점 알아보기	지구촌의 평화와 발전을 위협하는 다양한 갈등 사례를 조사하여 사례별 원인을 분석하고, 그 해결 방안을 구체적으로 제시할 수 있다.	매우 잘함
			지구촌의 평화와 발전을 위협하는 다양한 갈등 사례를 조사하고, 해결 방안을 제시할 수 있다.	잘함
			지구촌의 평화와 발전을 위협하는 갈등 사례를 살펴보고, 해결 방안의 필요성을 인식하지 못한다.	보통

꿀샘의 꿀팁!

통일의 필요성에 대한 이야기를 먼저 해 보자. 통일이 왜 필요한지, 어떤 방식으로 통일을 하는 것이 좋은지 생각해 볼 시간을 가져야 한다. 또한, 전쟁의 위험성에 대하여 나누자. 전쟁으로 인해 피해를 입는 사람들이 누구인지도 생각해 보게 하면 좋다. 이런 기초 이야기들을 하고 난 후, 지구촌에서 전쟁이 일어나고 있는 곳에 대해 알아보자. 지구촌의 평화와 발전을 위협하는 요소들을 지금 현 상황과 관련지어 보자. 서로 다른 이야기를 전달하고 있는 뉴스를 접하게 하면 좋다. 예를 들어 전쟁을 하고 있는 두 나라가 있을 경우, 두 나라 모두의 뉴스를 한글로 번역하여 들어보게 하는 거다. 아이가 스스로 판단을 할 수 있는 기회를 주는 거라고 볼 수 있다. 세계는 지금 어떤 상황인지 알아보자. 우리나라는 어느 쪽 뉴스에 기반한 보도를 하고 있는지 판단할 수 있는 다양한 자료들을 제공해 주자. 아이도 그렇게 다양한 시각이 있을 수 있다는 사실을 인지하도록 해야 한다.

【수행평가 문제】

1. 지구촌의 평화와 발전을 위협하는 다양한 갈등 사례를 조사해 보세요.

갈등 사례	원인

2. 위를 바탕으로 갈등 해결 방안을 제시해 보세요.

6) 원의 넓이와 생활 (청원초)

영역	관련 단원	국가 수준 성취 기준	평가 내용	평가 기준	성취 수준	평가 방법
측정	5. 원의 넓이	원주와 원의 넓이를 구하는 방법을 이해하고, 이를 구할 수 있다.	여러 가지 원의 넓이를 구할 수 있으며, 실생활에서 이를 이용한 사례를 알 수 있다.	매우 잘함	여러 가지 원의 넓이를 정확하게 구할 수 있으며, 실생활에서 이를 이용한 사례를 알 수 있다.	지필 평가
				잘함	여러 가지 원의 넓이를 구할 수 있으며, 실생활에서 이를 이용한 사례를 알 수 있다.	
				보통	여러 가지 원의 넓이를 구할 수 있으나, 실생활에서 이를 이용한 사례를 알지 못한다.	
				노력 요함	여러 가지 원의 넓이를 구하지 못하며, 실생활에서 이를 이용한 사례를 알지 못한다.	

꿀샘의 꿀팁!

도형에서 원의 넓이를 구하는 방식을 아는 것은 무척 중요하다. 초등학교에서 제대로 개념을 잡지 못한다면 중학교, 고등학교에서 도형 문제를 제대로 풀지 못할 수 있다. 원의 넓이를 구하는 방식을 외워서는 안 된다. 정확히 개념을 이해하고 설명할 수 있어야 한다. 원의 넓이를 구하는 공식이 왜 그렇게 나오는지 그림을 그리면서 설명할 수 있을 정도는 되어야 한다. 그래야 원의 넓이를 기본으로 하여 다른 넓이 구하는 공식까지 확대할 수 있다. 실제 생활에서 어떤 부분에서 사용되는지를 알고 적용하며 원의 넓이를 구하는 연습을 해 보자.

【수행평가 문제】

1. 원을 그리고 원의 넓이를 구해 보세요.

2. 원의 넓이를 활용하여 해결할 수 있는 일상생활 문제를 생각해서 적어 보세요.

7) 학교 화재 대피도 그리기 (중대부초)

영역	단원명	(핵심) 성취 기준	평가 내용	평가 방법	배점
물질의 변화 (화학 반응)	3. 연소와 소화	하루 동안 태양의 고도, 그림자 길이, 기온을 측정하여 이들 사이의 관계를 찾을 수 있다.	우리 학교 화재 대피도 그리기	행동평가	잘함(3), 보통(2), 노력 요함(1) 선택

 꿀샘의 꿀팁!

　이런 형식의 수행평가는 성취 기준과 평가 내용의 연결이 약간 미흡하다고 볼 수 있으나, 기준을 확장하여 평가가 가능하다. 이 수행평가의 성취 기준은 화재에 대한 대응 능력도 연결되어 있다. 그래서 화재 관련 대응 능력에 대해 평가하는 방식이라고 볼 수 있다. 학교의 건물 배치도와 화재 대피로를 그려 보는 것은 안전을 위해 꼭 필요한 활동이다. 가정에서 해 볼 수 있는 이와 비슷한 활동이 있다. 화재 시 행동 요령, 지진 시 행동 요령 등을 그림으로 그려 보게 하는 것이다. 아이의 안전을 위해 장려할 만한 교육이다.

【수행평가 문제】

1. 우리 학교 건물 배치도를 그리고 화재 대피로를 표시해 보세요.

8) 효율적인 에너지 사용법 (청원초)

영역	관련 단원	국가수준 성취 기준	평가 내용	평가 기준	성취 수준	평가 방법
열과 에너지, 물질의 변화	5. 에너지와 생활	자연 현상이나 일상생활의 예를 통해 에너지의 형태가 전환됨을 알고, 에너지를 효율적으로 사용하는 방법을 토의할 수 있다.	우리 학교에서 에너지를 효율적으로 이용하는 예를 조사하고, 에너지를 효율적으로 이용하는 방법을 토의해 새로운 아이디어를 제안한다.	매우 잘함	우리 학교에서 에너지를 효율적으로 이용하는 예를 조사하고, 에너지를 효율적으로 이용하는 방법을 토의해 창의적인 새로운 아이디어를 제안할 수 있다.	구술 평가
				잘함	우리 학교에서 에너지를 효율적으로 이용하는 예를 조사하고, 에너지를 효율적으로 이용하는 방법을 토의해 새로운 아이디어를 제안할 수 있다.	
				보통	우리 학교에서 에너지를 효율적으로 이용하는 예를 조사할 수 있지만, 에너지를 효율적으로 이용하는 방법을 토의해 새로운 아이디어를 제안하지 못한다.	
				노력 요함	우리 학교에서 에너지를 효율적으로 이용하는 예를 조사하지 못하며, 에너지를 효율적으로 이용하는 방법을 토의해 새로운 아이디어를 제안하지 못한다.	

꿀샘의 꿀팁!

학교에서 에너지를 효율적으로 사용하는 예를 찾기는 쉽지 않다. 대부분의 학생이 '이동 수업 시간에 불을 끄자.' 정도의 아이디어를 낼 확률이 높다. 이런 활동의 경우에는 아이들이 생각하지 못한 창의적인 아이디어를 내면 된다. 높은 점수를 받을 확률이 높다. 집에서 에너지를 효율적으로 사용하려면 어떻게 해야 하는지 미리 생각해 보자. 그 방법으로 지구 온난화 예방을 위해 실천까지 하는 게 중요하다. 에너지를 단지 전기 정도로만 생각하지 않는 폭넓은 사고가 필요하다. 유연한 사고가 창의적인 아이디어를 끌어내는 원동력이 될 수 있다.

【수행평가 문제】

1. 우리 학교에서 에너지를 효율적으로 이용하는 예를 조사해서 적고 토의해 보세요.

장소	방법

3. 다양한 글쓰기 수행평가 예제

1) 자서전 쓰기 (목일중)

가) 교육과정 성취 기준과 평가 기준

교육과정 성취 기준		평가 기준
다양한 자료에서 내용을 선정하여 통일성을 갖춘 글을 쓴다.	상	다양한 자료에서 적절한 내용을 풍부하게 선정하고, 통일성을 갖추어 주제가 명료하게 드러나도록 글을 쓸 수 있다.
	중	다양한 자료에서 적절한 내용을 선정하여 통일성을 갖춘 글을 쓸 수 있다.
	하	다양한 자료에서 내용을 선정하여 부분적으로 통일성을 갖춘 글을 쓸 수 있다.

나) 평가 내용 및 채점 기준

평가 영역	평가 내용	평가 기준
자서전 쓰기	1. 자신의 삶에 관한 다양한 질문에 답을 하며, 내용을 생성하도록 한다. 2. 다양한 표현 방법을 활용하여, 한 편의 짜임새 있는 자서전을 쓰게 한다. 3. 기타 쓰기 과정과 관련한 다양한 활동 및 참여도를 수시로 평가한다.	1. 자료를 성실하게 충분히 준비하였는가? 2. 수업 시간에 적극적으로 참여하고 내용을 생성하였는가? 3. 다양한 자료를 활용하여 통일성 있는 글을 썼는가? 4. 결과물은 짜임새 있는 구성과 완성도를 갖추었는가?

꿀샘의 꿀팁!

　자서전 쓰기 활동은 중학교와 고등학교에서 자주 행해지는 수행평가의 양식이다. 자신이 가장 가치 있게 생각하는 것과 묘비명에 새겨졌으면 하는 내용을 생각해보자. 다른 사람들에게서 듣고 싶은 평가를 적어 보자. 어떻게 인생을 살아가고 싶은지 정립하는 계기가 되기 때문이다. 그러한 과정들을 통해 통일성을 갖춘 글을 쓰는 능력을 기르는 게 중요하다. 이런저런 내용을 연결해서 중구난방식으로 글을 쓰는 것이 아니다. 본인이 중요시 하는 가치를 정하고 그 가치를 위해 살아간 후에 쓰는 자서전이라는 인식을 가지고 글을 써야 한다.

다양한 표현 방식을 사용하고, 인용을 한다든가 관용구를 써서 자서전이 지루하지 않도록 장치를 두는 것이다. 자서전 하면 일대기를 씀으로써 지루한 글로 인식되기 쉽다. 여러 가지 표현 방식인 예시, 비교, 대조 등을 섞어 지루하지 않도록 하면 높은 점수를 받을 수 있다.

【수행평가 문제】

1. 자서전을 쓰기 전, 나에 대해 질문을 만들어 보고 답을 적어보세요.

내가 제일 가치 있게 생각하는 것은?	
내가 쓰고 싶은 묘비명은?	
내가 듣고 싶은 타인의 평가는?	

2. 내가 살고 싶은 삶을 생각하며 자서전을 써 보세요.

제6장 재미있는 글쓰기 | 197

2) 진로 신문 만들기 (원촌중)

평가 구분		평가 내용	배점 (총 100점)	평가 시기	비고
수행 평가	진로 신문 만들기	자신의 진로와 관련된 인물과 면담하고, 진로 관련 책 소개와 직업에 대한 조사한 바를 토대로 신문 형식으로 제작하는 능력	–	수업 시간 1회	• 수업 시간 중 말하기·듣기 과정을 누가 기록 • 별도의 평가 척도 및 배점 적용

수행평가의 영역별 배점 및 평가 기준표

항목	성취 기준	성취수준
진로 신문 만들기	• 목적에 맞게 질문을 준비하여 면담한다.	면담 목적과 면담 대상에 적합한 질문을 체계적으로 준비하여 면담 상황에 맞도록 적절하게 질문하며 면담할 수 있다.
		면담 목적에 적합한 질문을 준비하여 면담 상황에 맞게 질문하며 면담할 수 있다.
		면담 질문을 준비하여 면담할 수 있다.

꿀샘의 꿀팁!

　자유학기제와 자유학년제를 거치면서 중학생의 진로에 대한 고민도 깊어진다. 희망 직업을 초등학교 때 정하는 경우도 점점 늘어나고 있다. 직업이 진로인가? 하는 고민을 따로 남겨두고, 요즘 청소년들의 선호 직업이 건물주라거나 돈 많은 백수라는 말이 많다. 사실 아이들이 농담처럼 던지는 직업 선호도는 실제로 수행평가 활동을 해 보면 다른 측면이 있다.

　위와 같은 수행평가를 완성하기 위해서는 인물에 대한 면담이 먼저 이루어져야 한다. 그와 관련된 책을 읽어야 하며, 본인이 하고자 하는 진로에 대해 소개하는 신문을 만들어야 한다. 긴 과정 동안 수행평가가 진행되고 한 학기 동안 진행될 확률이 높다.

　진로를 고민하고, 선배와의 인터뷰를 진행하면서 궁금한 점을 물어 보자. 책으로 답을 찾은 과정을 통해 아이들은 조금씩 본인의 진로에 대해 고민한다. 그 고민이 수능이라는 관문에서 무너져 버려 성적에 맞는 대학과 학과를 진학하는 게 문제라면 가장 큰 문제일 것이다. 하지만 쉽사리 꿈을 포기하지는 않았으면 좋겠다.

【수행평가 문제】

1. 자신이 꿈꾸는 진로는 무엇인가요?

2. 자신의 진로와 관련된 인물과 인터뷰를 해보세요.

꿈을 갖게 된 배경	
꿈을 이루는 과정	
진로 진행에서 어려운 점	
진로 준비 시 꼭 필요한 것	

3. 나의 진로와 관련된 책을 소개해 보세요.

도서명	저자	출판사	내용

4. 나의 진로를 소개하는 진로 신문을 만들어 보세요.

진로일보

3) 해결 방안 찾기 (대왕중)

평가 영역	성취도	영역 평가 기준
문제를 찾고 해결 방안 작성하기	A	일상생활 속에서 나타나는 문제점과 그 원인을 분명하게 파악하고 신뢰도 있는 자료를 근거로 문제에 대한 해결책을 제시하였으며, 실현 가능성, 기대 효과, 근거의 신뢰도 등의 평가 준거를 세워 자기 평가와 동료 평가를 적극적으로 실시함.
	B	일상생활 속에서 나타나는 문제점과 그 원인을 파악하고 문제에 대한 해결책과 근거를 제시하였으며, 자기 평가와 동료 평가를 실시함.
	C	일상생활 속에서 나타나는 문제점을 파악하고 문제에 대한 해결책을 제시하였으며, 자신의 의견을 다시 한번 살펴봄.

 꿀샘의 꿀팁!

논리적으로 생각을 정리하고 주장에 따른 근거를 찾아보는 수행평가이다. 자신의 학교생활이나 가정의 문제에 대해서 주장하는 글은 지극히 개인적인 부분이다. 넓은 관점이나 객관적인 입장에서 보지 못하고 편협한 시각으로 자신의 주장을 내세우기 쉽다. 근거 또한 자신의 사고에 치우친 이유를 쓰기 좋다.

객관적이고 논리적인 사고를 발달시키기 위해서 객관적인 자세로 자신의 주장과 근거를 살필 필요가 있다. 객관적인 주장과 근거를 찾는 연습은 다양한 관점에서 사고를 해보는 것이 좋다. 입장 바꿔 생각해 보기가 이에 해당된다. 한 가지 생각에 대하여 다른 시선과 관점이 있을 수 있음을 받아들이는 것이다. 자신에 대한 문제에 대해 이런 의견을 제시할 경우 감정이 상할 수 있다. 사회 문제를 가지고 연습을 해 보는 것이 좋다. 학교에서 흔히 발생하는 문제에 대해 이야기를 나눈 후 친구들 간의 입장 차이, 교사나 부모의 관점을 나눠 보자. 그 과정을 통해 아이는 자신과 문제를 분리시켜 생각할 수 있다. 그 힘으로 객관적인 시선을 기를 수 있을 것이다. 상대방 입장에서 생각해 보는 거다. 나와 다른 생각이 있을 수 있음을 나누자. 객관적인 주장과 근거 찾기에 한 발 더 다가설 수 있다.

【수행평가 문제】

1. 우리 가족이나 학급에서 일어나는 문제점에 대해서 알아보세요.

문제점	원인

2. 문제를 해결할 수 있는 해결 방안에 대해 생각해 보세요.

문제 해결 방안	근거

3. 내가 제시한 해결 방안에 대해 평가해 보세요.

실현 가능성	기대 효과	근거의 신뢰도

4) 광고 만들기 (청담중)

평가 영역	광고 만들기		관련 단원	소통으로 여는 세상 능동적인 언어생활 생활 속의 글과 표현
성취 기준	목적에 맞게 질문을 준비하여 면담한다. 영상이나 인터넷 등의 매체 특성을 고려하여 생각이나 느낌, 경험을 표현한다. 내용의 타당성을 판단하며 듣는다. 언어폭력의 문제점을 인식하고 상대를 배려하며 말하는 태도를 지닌다. 어휘의 체계와 양상을 탐구하고 활용한다.			
평가 기준	상	상황에 맞는 적절한 어휘를 활용하여 목적에 맞게 면담한 후, 이를 바탕으로 다양한 매체의 특성과 효과를 살린 광고를 제작할 수 있으며, 광고의 타당성을 판단하고 주장과 근거로 나누어 설명할 수 있다.		
	중	목적에 맞게 면담한 후, 이를 바탕으로 광고를 제작할 수 있으며, 광고의 타당성을 판단하여 설명할 수 있다.		
	하	면담한 내용을 바탕으로 광고를 제작할 수 있다.		

채점 기준표	평가 요소	평가 내용	A	B	C
	지식 기능 태도	면담 하기	면담에 대해 정확하게 이해하고 있으며 목적에 맞는 질문과 적절한 어휘를 사용하여 상대방을 배려하면서 면담할 수 있다.	면담의 목적에 맞는 질문을 준비하여 상대방을 배려하면서 면담할 수 있다.	면담 질문을 준비하여 면담할 수 있다.
	지식 기능	광고 만들기	매체의 특성을 고려하여 자신의 생각을 효과적으로 전달하는 광고를 만들 수 있다.	매체의 특성을 고려한 광고를 만들 수 있다.	매체의 특성을 고려한 광고를 만드는 데 어려움이 있다.
	기능 태도	판단하며 듣기	광고에서 주장하는 내용과 근거를 파악하여 광고의 타당성을 설명할 수 있다.	광고에서 주장하는 내용과 근거를 찾을 수 있다.	광고에서 주장하는 내용과 그 근거를 찾는 데 어려움이 있다.

꿀샘의 꿀팁!

광고란 일반적인 정보를 여러 가지 매체를 통해 소비자에게 널리 알리는 의도적인 활동이다. 사회 문제를 해결하고 공공의 이익 추구를 위한 공익 광고가 있다. 특정 상품을 광고하는 상업 광고도 있다. 광고를 기획하기 위해서는 내가 만들고 싶은 광고를 정할 필요가 있다. 인쇄 광고, 라디오 광고, 텔레비전 광고, sns 광고 등 광고의 영역을 정할 필요가 있다. 공익 광고인지 상업 광고인지에 따라 목적이나 필요성, 내용들도 달라질 것이다.

처음부터 색다르고 매력적인 광고를 기획하기는 쉽지 않다. 눈여겨보았거나 인상 깊었던 광고를 분석하는 것부터 시작하면 된다. 분석이 끝나면 패러디하는 단계로 나아간다. 비슷한 콘셉트이되 조금만 변화를 주는 광고를 통해 나만의 광고를 제작할 수 있다.

색다른 아이디어는 한 끗 차이 아이디어에서 나온다. 기존의 광고를 분석하는 과정이 중요하다. 센세이셔널하게 유행을 일으키는 광고 분석과 패러디를 통해 나만의 광고를 만들어 보자. 광고의 여러 기능과 특징에 대해 생각해 볼 수 있을 것이다. 어려서부터 스마트폰의 수많은 광고에 노출된 아이들인 만큼 광고를 소비할 줄은 안다. 하지만 생산자로서는 어려워할 수 있다. 생산자 입장이 되어 보았을 때 더욱 광고를 분별하는 힘이 생긴다. 광고를 분석하는 힘은 아이의 분별력에 도움이 될 것이다.

【수행평가 문제】

1. 내가 만들고 싶은 광고에 대해 면담을 통해 필요성을 분석해 보세요.

광고 영역	광고 목적	필요성	광고 내용

2. 내가 만들고 싶은 광고를 계획해 보세요.

매체	주요 타깃층	광고 스토리보드

3. 계획대로 광고를 만들 경우 광고의 내용에 대해서 평가해 보세요.

광고가 타당한가?	광고의 논리가 적절한가?	광고가 소비자에게 어떤 영향을 줄까?	광고 평가점수

5) 나의 묘비 만들기 (신동중)

평가 단원	3. 문자와 식	평가 시기 (횟수)	1학기 중 (1회)
평가 방법	☑ 관찰 평가　　☐ 면담 평가　　☑ 보고서 평가　　☐ 프로젝트 평가 ☐ 포트폴리오 평가　☐ 글쓰기 평가　☑ 형성 평가 ☐ 기타(논술 평가, 동료 평가, 자기 성찰 평가 등)　☑ 개인 활동 평가 ☐ 모둠활동 평가		
성취 기준 (수업 목표)	방정식과 그 해의 의미를 알고, 일차방정식을 풀 수 있으며, 이를 활용하여 문제를 해결할 수 있다.		
행동 영역	☑ 지식　　☐ 이해　　☑ 적용　　☑ 분석 ☑ 종합		
평가 기준	나의 묘비 만들기(자신의 묘비 내용을 적고 방정식으로 나타내어 풀기) – 묘비 내용 중 자신의 희망 직업 반드시 명시 　상황에 맞는 인생의 행로 적기(자신의 희망 직업 필수) 일차방정식 문제 만들기 일차방정식 풀기		

평가 요소(내용)		성취 기준
진로 탐색 일차방정식 문제 만들기 일차방정식 풀기	상	일차방정식과 그 해의 의미를 정확하게 이해하고 자신의 진로를 진지하게 고민하여 상황에 맞는 인생의 행로를 작성하고, 그에 맞는 일차방정식 문제를 잘 만들었으며 일차방정식의 풀이 방법에 맞게 해결할 수 있다.
	중	일차방정식과 그 해의 의미를 이해하고 자신의 진로를 고민하여 인생의 행로를 작성하고, 그에 맞는 일차방정식 문제를 만들었으며 일차방정식의 풀이 방법에 맞게 해결할 수 있다.
	하	일차방정식과 그 해의 의미를 배우고 자신의 진로를 고민하여 묘비 내용을 작성하고, 그에 맞는 일차방정식 문제를 만들 수 있다.

꿀샘의 꿀팁!

일차방정식과 인생 행로가 연결되어 있는 수행평가다. 기본적인 학습 지식을 일상생활의 문제에 어떻게 대응할 것인가를 고민하게 하는 문제다. 일차방정식의 해를 구하는 방식을 정확히 아는 것이 우선이다. 두 번째 자신의 진로에 대한 고민을 통해 자신의 미래 모습을 그려 본다. 그 구체적인 미래 인생 설계에 맞춰 방정식을 푸는 문제이다. 내 인생에서 어떤 것이 미지수가 되어 인생이 달라질지 고민이 필요하다. 기본적으로 인생 계획을 펼치는 데 필요한 것들을 나열하고 그중에서 자신의 노력으로 바꿀 수 있는 부분을 미지수로 삼아 인생 방정식을 만들자.

생각이 논리정연하게 정리되어야 하는 결코 쉽지 않은 문제이다. 이를 해결하기 위해서는 자신의 진로에 대한 고민이 어느 정도 정리되어 있어야 한다. 초등학교 졸업 전 다양한 경험을 통해 직업을 특정하기는 어렵다. 하지만 방향은 잡아두는 것이 도움이 될 것이다. 혹은 중학교 자유학기제를 보내면서 진로에 대한 방향 설정을 해 두는 것도 좋겠다. 진로 설정은 성장 과정에서 얼마든지 바뀔 수 있는 부분이기 때문에 정답은 없다. 그 분야의 인생 행로를 설계했으나 별로라고 판단될 수도 있다. 그럴 때는 또 진로의 방향을 바꾸면 된다. 진로 찾기 과정을 통해 자신에 대해서 더 잘 이해하고 진로를 준비하자. 어떤 진로를 선택하더라도 응원해 주는 자세가 필요하다. 생각을 확장시키고 실제 적용해 보면서 발생하는 부분에 대해 생각을 나누자. 자녀의 성장을 이룰 수 있는 아주 좋은 통합형 수행평가 과제다.

【수행평가 문제】

1. 일차방정식 푸는 방법을 설명하세요.

2. 자신의 진로에 맞게 인생의 흐름을 적어 보세요.

3. 자신의 인생을 일차방정식을 만들고 해결하세요.

6) 여행 계획서 만들기 (목일중)

가) 교육과정 성취 기준과 평가 기준

교육과정 성취 기준		평가 기준
기후 환경에 적응하거나 기후 환경을 극복하면서 살아가는 사람들의 생활 모습을 살펴봄으로써 다양한 삶의 모습을 이해하고, 그들의 문화를 존중하는 태도를 기를 수 있다. 다양한 기후 지역의 자연환경과 지역 주민들의 생활을 체험하는 여행 계획서를 만들 수 있다.	상	해당 지역의 기후의 특색 2가지, 주민 생활의 특색 2가지, 기후 관련 체험 활동 1가지 이상을 제시하고, 해당 지역을 세계 지도에서 표시할 수 있으며, 계획서의 내용을 체계적으로 작성함.
	중	- 계획서의 내용은 체계적이나 제시해야 할 내용이 1~2개 부족함. - 제시해야 할 내용은 모두 충족 되었으나 내용이 체계적이지 못함.
	하	제시해야 할 내용이 3개 이상 부족하고, 계획서의 내용을 체계적이지 못함.

나) 평가 내용 및 채점 기준

평가 항목	평가 내용	평가 단계	채점 기준(평가 기준)
여행 계획서 만들기	해당 기후의 특색과 주민의 생활의 특색을 알고, 기후와 관련된 체험 활동을 여행 계획서에 제시할 수 있다.	A	해당 지역의 기후의 특색 2가지, 주민 생활의 특색 2가지, 기후 관련 체험 활동 1가지 이상을 제시하고, 해당 지역을 세계 지도에서 표시할 수 있으며, 계획서의 내용을 체계적으로 작성함.
		B	- 계획서의 내용은 체계적이나 제시해야 할 내용이 1~2개 부족함. - 제시해야 할 내용은 모두 충족되었으나 내용이 체계적이지 못함.
		C	제시해야 할 내용이 3개 이상 부족하고, 계획서의 내용을 체계적이지 못함.

> **꿀샘의 꿀팁!**
>
> 여행 계획서를 세워 보는 재미있는 수행평가 과제이다. 가족 여행이 대중화되고 주말마다 많은 체험을 하러 다니는 아이들이지만 스스로 여행을 계획해 본 경험을 많지 않다. 부모가 이끄는 대로 따라갔기 때문이다. 여행에서 크게 재미

를 못 느끼고 스마트폰만 하고 있는 경우가 많다. 스스로 계획을 짜고 여행지에 대해 공부하게 하라. 여행에 대한 관심과 흥미도 증가하게 된다. 여행 계획서 작성을 위해서는 초등 때부터 이런 경험을 많이 해 보는 것이 필요하다. 아이가 가족 여행을 계획하는 활동을 말한다.

전체 스케줄을 짤 수는 없더라도 여행지 선정에서부터 여행지에서 하루에 한 가지 활동 정도는 아이가 해 보도록 기회를 주는 것이 필요하다. 음식점에 가기 전, 맛집을 찾는 일이나 길찾기 등은 아이가 찾아보게 한다. 여행에 주체적으로 참여하는 활동을 통해 여행 계획을 세워나갈 수 있는 기초가 마련된다. 스스로 무언가를 준비하고 계획하는 과정은 자신감과 자존감을 기르는 데도 도움이 된다. 초등 때부터 이러한 과정을 통해 아이들이 즐겁게 스스로 계획을 짜 보는 경험을 많이 시켜 보자.

【수행평가 문제】

<주제>
여행 계획서 만들기

1. 여행의 테마와 목적을 정해 보세요.
   (여행의 테마, 목적, 준비물 등을 해당 지역의 기후 특색, 생활 특색을 반영하여 계획한다.)

여행의 테마		여행 목적	
해당 지역의 기후 특색	1. 2.		
해당 지역의 생활 특색	1. 2.		

제6장 재미있는 글쓰기 | 207

2. 여행지를 선정해 보세요.

   (여행할 곳을 세계 지도를 그리고 표시한다.)

3. 여행지의 기후 관련 체험 활동을 선정해 보세요.

   (여행지의 기후 관련 체험활동을 골라 특색과 프로그램 내용을 정리한다.)

<여행 계획서>

여행 장소		여행 일시	
여행 테마			
여행지 선정 이유			
여행지의 위치			
여행지의 기후 특색			
여행지의 생활 특색			
기후 관련 체험활동 계획			

7) 사회 변화 가상일기 쓰기 (원촌중)

평가 단원	평가 항목	평가 방법	성취 기준	평가 기준	
사회 변동과 사회 문제	사회 변화 가상 일기 쓰기	서술·논술	현대의 주요한 사회 문제를 조사하고, 이에 대한 해결 방안을 탐구한다.	정보 수집 및 정보 해석 능력	A	의식주, 문화생활, 직업 등의 내용이 모두 빠짐없이 사회 변동으로 달라진 미래의 상황에 맞게 구체적으로 제시되어 완성도 높은 일기를 작성함.
					B	의식주, 문화생활, 직업 등의 내용 중 일부 빠진 항목이 있으나 사회 변동으로 달라진 미래의 상황에 맞게 구체적으로 제시됨.
					C	의식주, 문화생활, 직업 등의 내용 중 1~2가지만 제시되고 미래의 상황에 맞지 않은 내용이 포함되어 일기의 완성도가 낮음.
				사회 변화의 문제점과 해결 방안	A	인공지능이 일상화된 사회 변화로 인해 나타날 수 있는 문제점을 파악하고 그 문제를 해결하기 위한 방안을 구체적으로 2가지 이상 제시함.
					B	인공지능이 일상화된 사회 변화로 인해 나타날 수 있는 문제점을 파악하고 그 문제를 해결하기 위한 방안을 1가지만 제시함.
					C	인공지능이 일상화된 사회 변화로 인해 나타날 수 있는 문제점을 제대로 파악하지 못하고 그 문제를 해결하기 위한 방안을 제시하지 않음.

꿀샘의 꿀팁!

사회 변화의 흐름을 읽어 보고 일기로 작성하는 활동이다. 의식주와 문화생활, 직업 등 미래 사회는 어떻게 달라질지 구체적으로 그려볼 수 있도록 한다. 실제적인 변화 모습에 자신의 상상력을 더해서 멋진 상황을 만들어 볼 수도 있다. 그런 과정을 통해 구체적인 예측 가능한 변화에 자신만의 미래 모습을 더해서 특색 있는 과제를 완성해 볼 수 있겠다. 아이들이 자라서 살아가야 할 미래 모습이기에 평소에도 관심을 가져 주면 좋다. 아이들이 그 모습을 그려 보면서 내가 준비해야 할 것과 살아가야 할 방향 등을 짚어 보는 데 도움이 된다. 이러한 과정을 일기로 풀어 보면서 생각을 정리할 수 있다. 자신에게 필요한 노력과 역량에 대해서도 고민해 볼 수 있을 것이다. 미래의 변화 중점이 무엇인지 키포인트를 잡아서 그것에 맞게 미래 모습을 그려 볼 수 있도록 변화의 초점을 잡자. 자신을 객관적으로 바라볼 수 있도록 하면 좋다. 과거의 모습과 현재, 미래의 상황까지 그려보는 활동을 통해 아이들에게 꿈과 미래를 그려 보게 할 수 있을 것이다.

【수행평가 문제】

1. 미래 사회의 예상 가능한 변화 모습을 적어 보세요.

변화 내용	의식주	문화생활	직업
변화 모습			

2. 위 내용을 참고로 사회 변화 가상일기를 써 보세요.

8) 다양한 세계 문화 4컷 만화 그리기 (원촌중)

다양한 세계, 다양한 문화	4컷 만화 그리기	기타			
			• 지역 간 문화 접촉과 문화 전파에 따른 문화 변용의 사례를 조사하고, 세계화가 문화 변용에 미친 영향을 평가한다. • 서로 다른 문화가 공존하는 지역과 갈등이 있는 지역을 비교하여, 그 차이가 발생하는 이유를 분석한다. • 4컷 만화의 구성 및 내용이 충실하며 창의적이다.	A	세계화가 문화 변용에 미친 긍정적 영향, 부정적 영향, 서로 다른 문화 간의 공존 사례, 갈등 사례에 대해 명확하게 이해하고, 이 중 하나의 주제를 정하여 4컷 만화로 표현하였음. 주제에 관한 정확한 내용을 포함하여 구체적인 사례를 명확히 제시하였으며, 4컷 만화의 구성 및 내용이 매우 충실하며 창의적임.
				B	세계화가 문화 변용에 미친 긍정적 영향, 부정적 영향, 서로 다른 문화 간의 공존 사례, 갈등 사례에 대해 비교적 잘 이해하고, 이 중 하나의 주제를 정하여 4컷 만화로 표현하였음. 주제에 적절한 내용을 포함한 사례를 제시하였으며, 4컷 만화의 구성 및 내용이 충실하며 창의적임.
				C	세계화가 문화 변용에 미친 긍정적 영향, 부정적 영향, 서로 다른 문화 간의 공존 사례, 갈등 사례에 대한 이해가 다소 부족하며, 이 중 하나의 주제를 정하여 4컷 만화로 표현하였으나 주제에 적절한 사례를 제시하였다고 보기 어려움. 4컷 만화의 구성 및 내용의 충실성과 창의성이 다소 미흡함.

꿀샘의 꿀팁!

BTS가 세계적으로 인기다. 국내에서 통하던 아이돌이 세계적인 스타가 되면서 대한민국의 문화 대통령이라 불린다. K-문화나 영화에 대한 전 세계적인 관심도 높다. 아이들은 세계적으로 통용되는 한국 문화에 익숙해져 있다. 그렇다면 이런 문화의 세계화에 좋은 점만 있는 걸까? 무턱대고 좋아만 해도 되는 걸까 생각해 보는 수행평가 과제이다. 아이들이 흠뻑 젖어 있는 케이팝이나 한국 문화의 세계화에 대해, 그 문화들의 공존에 문제는 없는지 고찰해 볼 수 있어야 한다. 그 문제점이 잘 정리가 되면 그것을 만화로 표현하는 통합형 수행평가 과제이다.

문제점에 대한 고찰 중에서 자신이 특별히 주장하고 싶은 내용 선정을 잘 해야 한다. 내용은 정리가 되었으나 그림으로 나타내는 데 주저한다. 얼마간의 그림 실력이 필요한지 망설여지는 아이들도 꽤 있을 것이다. 일단은 그림 실력보다는 성의가 중요하다. 자신이 표현하고자 하는 내용을 얼마나 성의 있게 그림으로 그리는가가 포인트다. 일부러 초등 때 미술학원을 다닌다고 할 정도로 그림 그리기 수행평가가 종종 등장한다. 하지만 진짜 웹툰같이 멋지고 그럴싸하게 그림을 그려내기는 쉽지 않다. 자신이 평소에 자주 보던 웹툰을 참고로 하는 것이 도움이 될 것이다. 그 그림체와 표현 방식을 응용하여 만화를 그리는 것이다. 만화보다는 그 안에 담고 있는 메시지가 중요함을 잊지 않아야 한다.

【수행평가 문제】

1. 다양한 세계 문화를 다룬 아래 4가지를 반영하여 4컷 만화를 그려 보세요.

〈주제〉
1. 세계화가 문화 변용에 미친 긍정적 영향, 부정적 영향
2. 서로 다른 문화 간의 공존 사례, 갈등 사례

만화 제목	
주요 장면의 내용	
1컷	2컷
3컷	4컷

* 나의 4컷 만화

제6장 재미있는 글쓰기 | 213

9) 과학 독서 논술 (대원국제중)

평가 항목	평가 내용	평가 기준 및 배점			배점 비고
과학 독서 논술	내용의 이해도	이해도가 높음	다소 부족함	미제출 등	▪ 2가지 평가 기준의 성취도를 상, 중, 하의 3단계로 평가 ▪ 과학적 사실의 정확성은 과학 개념에 대한 설명과 그 예가 적절한지를 평가 상(과학 개념을 이해하고 발문에 대해 정확한 사실을 구체적으로 작성함), 중(과학 개념에 대해 몇 가지 오개념을 포함하여 작성함), 하(과학 개념과 발문에 제한적으로 많은 오개념을 포함하여 작성함).
		상	중	하	▪ 글 전체의 논리성은 과학 개념과 현상을 설명하는 것이 논리적으로 서술했는지를 평가 상(개념의 설명과 서술한 자연 현상이 논리적으로 적합한 경우), 중(개념의 설명과 관련한 현상이 개연성이 다소 부족한 경우), 하(개념의 설명과 관련 현상의 개연성이 매우 부족한 경우).
	내용의 논리적 연결	논리적 연계가 잘됨	다소 부족함	미제출 등	▪ 과학 독서 논술은 반드시 수업 중에 이루어지며, 도서는 사전에 공지함. ▪ 미제출, 장기 결석자, 표절: '하' 부여 ▪ 위탁 학생 중 수행평가 미참여자는 '하' 부여
		상	중	하	▪ 자유학년제로 인하여 점수 부여 없이 서술형 문장으로 평가 결과를 제시함.

꿀샘의 꿀팁!

독서 감상문을 그야말로 독서를 한 후 자신의 느낌을 적는 것이다. 모든 줄거리를 적지 않아도 괜찮다. 자신이 읽고 나서 의미 있었던 구절이나 개념에 대해서 간단하게 설명하고 그 느낌을 적으면 된다. 하지만 나열식으로 개념만 열거하는 방식의 독서 감상문을 많이 쓴다. 아이들이 자신의 느낌을 자주 나눠 본 경험이 적기 때문이다. 어려서부터 잘 세팅된 스케줄대로 엄마 혹은 아빠의 계획에 따라 움직인 아이들은 자신의 느낌을 표현하는 일이 적다. 안전하긴 하지만 자신이 부딪혀 보고 실패해 본 경험이 적다. 아이들은 자신만의 생각을 적는 데 어려움을 가질 수 있다.

자신의 경험과 느낌을 자주 나눠 볼 수 있는 기회를 주면 좋겠다. 아이들이 미숙한 판단이지만 의견을 냈을 때 그 의견대로 따라 주는 것이다. 가족 모두 실패 경힘을 갖게 되거나 성공하지 못하더라도 괜찮다는 경험을 줄 수 있다. 성공 경험은 아니지만 유쾌한 기억으로 남게 될 것이다. 자기주장을 하고 자기 느낌을 자연스럽게 표현하는 과정이 감상문을 적을 수 있는 첫 시작이 되어 줄 것이다.

【수행평가 문제】

1. 과학 개념을 설명하는 책을 읽어 보세요.

책 이름		저자	
출판사		작성일	

2. 독서 감상문을 써 보세요.

10) 사회 에세이 (대원국제중)

평가 항목	평가 내용	평가 기준 및 배점			배점 비고
		상	중	하	
사회 에세이 (2회)	내용의 적절성	배운 개념을 모두 정확하게 적용하여 글을 작성함	배운 개념을 대체로 정확하게 적용하여 작성했으나 사소한 실수가 있는 경우	배운 개념을 대부분 부정확하게 적용하여 전체적인 오류가 발생하는 경우	■ 2가지 평가 기준의 성취도를 상, 중, 하의 3단계 평가 ■ '내용의 적절성'은 해당 주제에 대한 개념을 정확히 이해하고 있는가를 평가 ■ '논리성'은 학생이 자신의 생각을 글로 작성하면서 주제를 기준으로 사실, 근거, 이유가 부합하는지를 평가 ■ 에세이 작성은 수업 중에 이루어지며, 에세이 주제는 미리 공개하고, 주제에 따라 미리 자료를 준비하여 오는 오픈북 테스트가 가능함. ■ 미제출, 장기 결석, 표절은 '하' 부여 ■ 자유학년제 평가 원칙에 따라 점수 부여 없이 서술형 문장으로 평가 결과를 제시함.
	논리성	주제를 기준으로 사실 근거, 이유가 부합	주제를 기준으로 사실, 근거, 이유 중 1가지가 어긋나는 경우	주제를 기준으로 사실, 근거, 이유 중 2가지가 어긋나는 경우	

개념을 이해하고 이를 확장하여 에세이를 작성하는 수행평가이다. 에세이는 수필이다. 자신의 생각과 느낌을 적은 글이다. 사회 현상 개념과 수필을 어떻게 연결 지을 수 있을까 막막할 수 있다. 개념을 잘 선택하는 것이 필요하다. 내가 살고 있는 일상생활과 개념을 연결하기 위해서는 어떤 개념을 선택하느냐가 관건이다.

평소 수업시간 개념을 일상생활과 연결해 보는 경험이 필요하다. 개념을 배운 것으로 개념으로만 머물게 하는 것이 아니라 내 생활과 연결하는 것이다. 예를 들어 민주주의 개념, 다수결의 원칙에 대해 배웠다면 가족회의에서 이 개념을 적용해 보는 것이다. 우리 가족은 민주주의의 어떤 개념을 적용해서 회의를 하는지 살펴보자. 다수결의 원칙은 어떻게 적용할 수 있을지 고민해 보는 것이다. 이를 통해서 아이가 사회에서 학습한 개념을 일상생활에서 적용하는 방법을 배울 수 있다. 평소 이런 개념의 생활화 연습이 수행평가에도 도움이 되지만 아이들의 흥미를 키우는 데도 좋다.

【수행평가 문제】

1. 지금까지 배웠던 사회 개념 가운데 하나를 선택하여 개념을 설명하세요.

2. 그 개념을 사용하여 설명할 수 있는 사례를 넣어 에세이를 써 보세요.

11) thank-you note 작성하기 (휘문중)

평가 영역	쓰기	관련 단원	3과	평가 시기	5월
성취 기준		일상생활에 관한 자신의 의견이나 감정을 표현하는 문장을 쓸 수 있다. 자신이나 주변 사람, 일상생활에 관해 짧고 간단한 글을 쓸 수 있다. 간단한 초대, 감사, 축하, 위로, 일기, 편지 등의 글을 쓸 수 있다.			

성취수준		
	상	일상생활에 관한 의견, 감정을 표현하는 문장이나 자신과 주변의 일상에 관해 다양하고 적절한 어휘와 정확한 언어 형식을 활용하여 감사를 표하는 세부 내용이 자세하게 드러나도록 쓸 수 있다.
	중	일상생활에 관한 의견, 감정을 표현하는 문장이나 자신과 주변의 일상에 관해 적절한 어휘와 언어 형식을 활용하여 감사를 표하는 세부 내용이 대략적으로 드러나도록 쓸 수 있다.
	하	일상생활에 관한 의견, 감정을 표현하는 문장이나 자신과 주변의 일상에 관해 주어진 어휘와 예시문을 참고하여 감사를 표하는 세부 내용이 부분적으로 드러나도록 쓸 수 있다.

평가 방법		
	평가 유형	☑ 서술 ☐ 논술 ☐ 구술 ☐ 토의·토론 ☐ 포트폴리오 ☐ 프로젝트 ☐ 실험·실습 ☐ 기타
	평가 주체	☑ 교사 평가 ☐ 자기 평가 ☐ 동료 평가
	평가 방식	☐ 모둠별 수행 ☑ 개인별 수행

평가 내용				
	수행 과제		'thank-you 노트' 작성을 통해 감사함을 영어로 표현하기	
	세부 평가 기준	쓰기 평가 채점 기준표	평가 수준 (채점 기준)	평가 내용 글의 요점 파악, 세부 정보 파악, 내용 구성
			A	'thank-you 노트' 작성 방법을 정확히 이해하고, 고마움의 대상을 언급하면서 정확한 표현으로 감사하는 이유와 세부 정보가 자연스럽게 구성됨.
			B	'thank-you 노트' 작성 방법을 정확히 이해하고, 고마움의 대상을 비교적 정확하게 언급하지만, 감사의 이유와 세부 정보가 다소 미흡하게 구성됨.
			C	'thank-you 노트' 작성 방법을 정확히 이해하고, 고마움의 대상을 언급하지만 감사의 이유나 세부 정보가 모호하게 구성됨.
			D	'thank-you 노트' 작성 방법을 정확히 이해하고, 고마움의 대상을 언급하지만 감사의 이유나 세부 정보가 너무 간단하고 모호하게 구성됨.
			E	'thank-you 노트' 작성 방법을 정확히 이해하며, 고마움의 대상을 언급하지만 감사의 이유나 세부 정보가 영어로 제대로 표현되지 못함.

 **꿀샘의 꿀팁!**

　주위의 인물과 자신의 상황에 대해서 생각해 볼 수 있는 수행평가이다. 평소 감사 일기를 쓰라고 하면 난감해한다. 무엇을 감사해야 할지 모르겠다고 말하는 아이가 많다. 도통 감사할 일이 하나도 없다고 불만인 아이들도 있다. 감사할 일이 크고 거창한 일이 아니다. 평소의 보통 상황이라는 것을 알고 나면 아이들은 의외라고 반응한다. 작은 것에 감사하는 마음을 갖게 된다. 주위의 일반적인 상황이나 인물에 감사할 줄 알기 위해서 이런 관찰이 필요하다. 그 관찰을 통해서 아이들이 원활하게 감사 노트를 작성할 수 있도록 하자. 아이들에게 관찰력과 사고력을 키워 주면 도움이 될 것이다.

【수행평가 문제】

1. 주변에서 감사하고 싶은 인물과 이유에 대해 써 보세요.

2. 위 내용을 바탕으로 THANK-YOU 노트를 작성해 보세요.

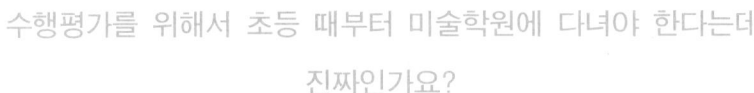

수행평가를 위해서 초등 때부터 미술학원에 다녀야 한다는데 진짜인가요?

　수행평가를 위해서 초등 때 선 잡기부터 시작해서 정식 미술교육 과정을 밟는 학생들이 꽤 있습니다. 그만큼 수행평가뿐 아니라 각종 대회에서 그림 실력이 필요하다고 생각하기 때문일 텐데요. 물론 각종 과학 경시대회, 진로 대회 등에서 그리기 실력이 출중하면 좋은 것이 사실입니다. 효행 그리기 대회 등 그림 솜씨를 뽐낼 수 있는 많은 대회가 실제 학교에 존재합니다. 못 그린 그림보다는 간결하고 깔끔하고 창의적인, 즉 보기 좋은 그림이 선발되어 상을 받는 것도 맞습니다. 기초적인 그림 실력을 갖추고 있다면 수행평가 및 각종 교내 대회에서 유리한 것이 사실입니다.

　하지만 그림 실력만 있다고 되는 일은 아닙니다. 그림은 내용을 담는 도구일 뿐입니다. 그림 안에 얼마나 생각에 생각을 거듭한 내용을 담았느냐가 평가될 수밖에 없습니다. 그림을 깔끔하고 성의 있게 그리는 것은 기본입니다. 거기에 더해 깊이 있는 주제 의식에 대한 고찰과 노력이 담겨 있어야 좋은 결과를 얻게 됩니다. 졸라맨보다는 예쁘고 정성들인 수채화가 훨씬 보기에 좋고 좋은 점수의 바탕이 되겠지요. 수행평가는 그림체보다도 더 중요한 것이 그 안에 담겨 있는 메시지입니다. 성의 있는 그림과 더불어 내용이 중요하다는 것을 기억해야 합니다. 기본적으로 자기 생각을 담을 수 있을 정도의 그림 실력은 쌓아 두는 것이 좋겠죠. 수행평가에 유리한 것은 사실입니다. 초등 저학년 때만 학원을 다녔다 해도 그 실력으로 성의껏 그림을 그려서 제출해 보세요.

수행평가를 위해 그림 실력 말고 필요한 예체능 실력은 무엇인가요?

　수행평가에서는 그림과 글짓기 실력이 많은 우위를 차지한다고들 이야기합니다. 고학년에 일부러 미술학원을 다니는 친구들도 있지요. 하지만 기법이 들어간 미술로 실력을 드러낼 만큼 수행평가에 많은 시간이 주어지지는 않습니다. 자신이 갖춘 실력 내에서 성의껏 표현하면 됩니다. 그림 실력에 더해서 필요한 것이라면 컴퓨터를 다루는 능력입니다. 동영상을 편집하거나 파워포인트 자료, 미리 캔버스를 통한 카드 만들기 등을 익혀서 수행평가의 산출물에 반영하면 좋습니다. 다른 친구들보다 보기 좋은 자료가 될 테니까요. 요즘은 초등학생들도 컴퓨터나 스마트폰을 자유자재로 다룹니다. 사진이나 동영상을 자주 찍다 보니 이런 기본 능력들을 갖추고 있는 경우가 많지요. 수행평가나 모둠 과제의 질도 상당히 높습니다. 특히 친구들과 협업을 통해 모둠 활동 과제를 제출할 때 컴퓨터나 스마트폰을 다루는 능력은 도움이 될 것입니다.

【참고문헌】

강대일·정창규,《수행평가란 무엇인가》에듀니티, 2019

교육부,《과정을 중시하는 수행평가 어떻게 할까요? - 중등》교육부, 2017

이동주 외,《교실 수행평가의 올바른 방향》한국문화사, 2019

박재찬,《하루 한 장 초등 교과서 글쓰기》경향BP, 2021

송숙희,《초등학생을 위한 150년 하버드 글쓰기 비법》유노라이프, 2020

좌승협,《초등 교과서 읽기의 기술》멀리깊이, 2021

이정자·한정구,《글쓰기의 이론과 방법》한올출판사, 2017

김종상,《대한민국 글쓰기 교과서》파란정원, 2013

최윤아,《뽑히는 글쓰기》스마트북스, 2017

장선화,《장선화의 교실 밖 글쓰기》스마트북스, 2017

초등부터 준비하는
완벽한 수행평가

초판 1쇄 인쇄 2022년 9월 1일
초판 1쇄 발행 2022년 9월 9일

지은이	이현주 · 이현옥
편집이사	이명수
출판기획	정하경
편집부	김동서, 전상은
마케팅	박명준, 박두리 온라인마케팅 박용대
경영지원	최윤숙

펴낸곳	북스타
출판등록	2006. 9. 8 제313-2006-000198호
주소	파주시 파주출판문화도시 광인사길 161 광문각 B/D
전화	031-955-8787 팩스 031-955-3730
E-mail	kwangmk7@hanmail.net
홈페이지	www.kwangmoonkag.co.kr
ISBN	979-11-88768-56-1 13370
가격	15,000원

이 책의 무단전재 또는 복제행위는 저작권법 제97조 5항에 의거
5년 이하의 징역 또는 5,000만 원 이하의 벌금에 처하게 됩니다.

저자와의 협약으로 인지를 생략합니다.
잘못 만들어진 책은 구입한 서점에서 바꾸어 드립니다.